W0328910

Story

Wie man eine Geschichte richtig erzählt

Bobette Buster

Aus dem Englischen
von Tino Hanekamp

TEMPO

Die Originalausgabe erschien 2013 unter dem Titel
Do Story im Verlag The Do Book Company, London.

*TEMPO Bücher erscheinen im
Hoffmann und Campe Verlag, Hamburg.*

1. Auflage 2018
Copyright © 2013 by The Do Book Company
Text © 2013 by Bobette Buster
Für die deutschsprachige Ausgabe
Copyright © 2018
by Hoffmann und Campe Verlag, Hamburg
www.hoca.de
Auf S. 102 ff. wird mit freundlicher Genehmigung zitiert aus:
Winston Churchill: *Reden in Zeiten des Krieges*
Copyright © 2014 by Europa Verlag, Zürich.
Copyright der Illustrationen © 2013 by Millie Marotta
Umschlaggestaltung: © James Victore
Satz: fuxbux, Berlin
Gesetzt aus der Gazette LT und der DIN OT
Druck und Bindung: Friedrich Pustet, Regensburg
Printed in Germany
ISBN 978-3-455-00426-7

HOFFMANN
UND CAMPE

Ein Unternehmen der
GANSKE VERLAGSGRUPPE

»Ich sehne mich nach eurer wunderbaren Geschichte, die das Ohr wohl sehr ergreift.«

William Shakespeare, *Der Sturm*

Für meinen Vater Robert, den großartigsten Geschichtenerzähler, dem ich je begegnet bin.

Und für meine Mutter Shirley, der besten Zuhörerin – und Lacherin, neben meinen drei Brüdern. Meine mir wichtigsten Erinnerungen sind die an jene langen Abende, an denen wir alle um unseren runden Tisch herum versammelt waren, einander Geschichten erzählten und hofften, dass der Abend nie enden würde.

Und für mich hat er das auch nie.

Inhalt

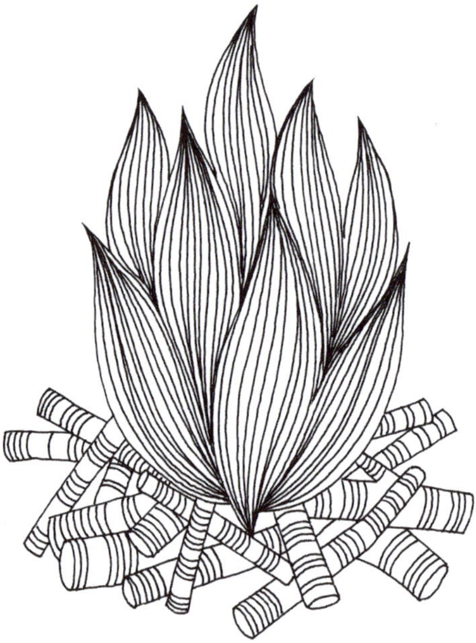

»Trage das Feuer.«

—

Cormac McCarthy

Einleitung

Geschichten sind das Feuer, das wir tragen und einander überreichen. In Cormac McCarthys Roman *Kein Land für alte Männer* erinnert sich Sheriff Bell, wie sein Cowboy-Vater einen der Teil der Glut des Lagerfeuers im Horn eines Tieres von einem Camp zum nächsten getragen hat. Diese Tradition war von den Ureinwohnern Nordamerikas an die Cowboys weitergegeben worden. Im Roman hatte dieser wichtige Akt jedoch eine andere Bedeutung: Er stand für Hoffnung und das Fortsetzen der Suche, aber auch für das Bewahren der Menschlichkeit. Wer auch immer der Träger des Feuers war, hatte eine besondere Stellung im Stamm inne – und in der gesamten Gesellschaft.

Geschichten besitzen einen Funken, eine Kraft, die trösten kann, verbinden, zerstören, transformieren – und sogar heilen. Jeder Mensch hat eine Geschichte zu erzählen. Und jeder Mensch weiß eine gut erzählte Geschichte zu schätzen. Aber nicht jeder von uns ist ein begabter Geschichtenerzähler. Und trotzdem: In all den Jahren, in denen ich weltweit ›Die Kunst des Storytellings‹ gelehrt habe, ist mir noch nie jemand begegnet, der nicht in der Lage gewesen wäre, auf wundervolle Art und Weise seine Geschichte zu erzählen – nachdem er oder sie gelernt hatte, was du in diesem Buch entdecken wirst. Das Geschichtenerzählen ist, wie du sehen wirst, ein elementarer Teil unseres Wesens.

Schon der reine Akt des Erzählens der eigenen Geschichte hat eine Kraft. Es ist dieser Akt des Erzählens und Hörens von Geschichten, der uns inspiriert. Wir können uns ein besseres Leben vorstellen, was letztlich dazu führt, dass wir mutig werden. Und dann geschieht etwas Merkwürdiges: Unsere Handlungen – unser individuell gelebter Mut – führen zu einer Art Heilung, also zu einer Transformation unserer Welt.

Genauso machtvoll ist das Gegenteil. Die Kraft des Geschichtenerzählens kann tödlich sein. Die Menschheitsgeschichte hat uns mehrfach gezeigt, dass nicht erzählte Geschichten zu bösen Geistern werden können, die man in der Flasche gelassen hat. Wenn sie ihr schließlich entweichen, ist ihre Zerstörungskraft entfesselt.

Betrachten wir einen Fall, der sich vor einiger Zeit in den USA zugetragen hat. Am 5. November 2011 wurde bekannt, dass einer der angesehensten College-Football-Trainer des Landes, Joe Paterno vom Pennsylvania State College (bekannt als Penn State), 14 Jahre lang entscheidende Informationen zurückgehalten hatte – gegen seinen Assistenztrainer Jerry Sandusky hatte es Anschuldigungen wegen des sexuellen Missbrauchs von Kindern in 40 Fällen gegeben. Joe, genannt ›JoePa‹, war vermutlich der beliebteste Football-Trainer in der Geschichte der USA, hatte aber einfach nicht den Mut besessen, die Wahrheit zu sagen. Er war nicht in der Lage gewesen, sich der Realität dieser ›Geschichte‹ zu stellen, in der er sich befunden hatte. Als die Sache schließlich rauskam, wurde Joe Paterno fristlos entlassen, was zu Revolten unter den Studenten führte. Er starb sechs Wochen später an Lungenkrebs. Jerry Sandusky wurde vor Gericht gestellt und verurteilt.

Doch Geschichten können auch mit ihren Gerüchten zerstören, mit versteckten Anspielungen und übler Nachrede.

Rupert Murdochs *News of The World* konnte erst zu Fall gebracht werden, als die Öffentlichkeit und die britische Regierung die unverhohlene Missachtung des Boulevardblattes gegenüber der Privatsphäre trauernder Familien nicht länger hinnehmen wollte. Doch vor allem wegen der Gier der Öffentlichkeit nach Geschichten – auf welch fragwürdigen Wegen diese auch entstanden waren – hatte die Zeitung ihre Herrschaft überhaupt so lange halten können.

Dieses Buch wird nicht von Sensationsgeschichten handeln oder denen, die sie erzählen.

Dieses Buch handelt vielmehr von der heilenden und erneuernden Kraft von Geschichten, von ihrer Kraft, eine Vision zu teilen, und vor allem: andere zu inspirieren. Darum geht es in den Geschichten, die du in den folgenden Kapiteln lesen wirst – und sie alle sind persönlich und wahr. Du wirst von wohltätigen Unternehmern lesen, die von dem Gefühl angetrieben werden, ›sich den Luxus ihrer Ignoranz nicht mehr leisten zu können‹, von Freiwilligendiensten, kommunalen Aktivisten und einem verstoßenen Politiker, der die Welt gerettet hat. Du wirst die Kraft der Alchemie entdecken, wenn wir Welten betreten, die uns für immer verborgen geblieben wären – in Kopenhagen, Uganda, einem Vorort von Paris und einer Kleinstadt in Kentucky.

Während ich diese Geschichten erzähle, werde ich dich ermutigen, bestimmte Elemente wahrzunehmen oder Gemeinsamkeiten, die aus diesen guten Geschichten großartige machen. Und diese Elemente und Gemeinsamkeiten werden schließlich auch in deiner eigenen Art des Geschichtenerzählens sichtbar werden.

Seit unseren Tagen als Lagerfeuer-Höhlenmenschen bis vor (weltgeschichtlich gesehen) relativ kurzer Zeit hatten wir nur die mündliche Überlieferung. Das Wissen von Jahrtausenden wurde von den Schamanen, Medizinmännern und Griots diverser Stammeskulturen der Welt in Form von Folklore weitergegeben, in Märchen, Mythen und Legenden. So wurde jede neue Generation psychisch auf ihre Zukunft vorbereitet – um bereit zu sein, und um zu wissen, dass sie nicht nur in der Lage sein würde, zu überleben, sondern mitten in der unvermeidbaren Härte des Lebens zu erblühen.

Es heißt, dass das Industrielle Zeitalter nach dem Zweiten Weltkrieg zu Ende gegangen ist. Danach wurde es vom Informationszeitalter abgelöst, durch Computer, den Boom der Werbung auf der Madison Avenue in den Sechzigern (siehe die Hit-Serie *Mad Men*) und das Fernsehen. Dem folgte, nach dem Internet-Boom der Neunziger, die virale Verbreitung sozialer Netzwerke im Jahr 2003. Mit ihnen kam ein trügerischer Glaube auf: dass alles Wissenswerte jederzeit verfügbar ist, direkt an unseren Fingerkuppen. Merkwürdigerweise hat diese Unmittelbarkeit den Menschen teilweise die Motivation genommen, die Welt zu entdecken, zumindest mit einer gewissen Tiefe. Heute, im stetigen Dauerfeuer der News, mit all den für's Tweeten, Retweeten und Updaten von Facebook-Profilen verbrachten Stunden und endlosen Reality Shows, befindet sich die volle Kraft des Geschichtenerzählens – ihre kontextuelle Schönheit und Fähigkeit, uns zu bewegen – im Schwinden.

Das führt dazu, dass die Kinder von heute vielleicht die Fakten kennen, aber nichts über den Kontext wissen, in dem die Dinge geschehen. Da sie nicht länger von einer Welt geformt werden, die auf dem Erzählen von Geschichten basiert, scheint es ihnen am Willen zu fehlen, tiefer zu graben, der Sache auf den Grund zu gehen und die Zusammenhänge zu verstehen. Stattdessen verlieren sie sich im Unmittelbaren.

Damit wurde ich erst kürzlich konfrontiert, als mich ein Absolvent einer der wichtigsten Eliteuniversitäten der USA fragte: »War John Lennon nicht in dieser Band ... ich hab's gleich ... Wings?«

Oder die Studentin an Frankreichs bedeutendster Filmhochschule La Fémis, die mich unbedarft gefragt hat: »Was war eigentlich so toll an dem Kram von diesem Jean-Luc Godard?«

Oder als ich in Detroit zufällig mit anhörte, wie eine Mutter dreier Kinder vollkommen unironisch eine große Erkenntnis kundtat: »Hey, ich habe gerade herausgefunden, dass George Washington unser Land gegründet hat. Und ich habe mich immer gefragt, wer der Typ auf der Vierteldollarmünze ist.« Und das trotz der Tatsache, dass es in den USA jedes Jahr am dritten Montag im Februar einen Nationalfeiertag gibt, um zu Ehren von Washingtons (und Lincolns) Geburtstag den President's Day zu feiern. Als ich noch zur Schule ging – und ich wage zu sagen, in den 200 Jahren davor auch –, wurde jedem Schulkind am 22. Februar jeden Jahres jene Geschichte über George Washington erzählt, in der er als kleiner Junge seinem Vater freiwillig gesteht: »Ich kann nicht lügen. Ich habe den Kirschbaum umgehackt.« Diese Geschichte war wie die Luft, die wir atmeten.

Eine unlängst veröffentlichte bahnbrechende Studie namens »Do you Know?« (vom Psychologen Dr. Marshall Duke der Emory University und seiner Kollegin Dr. Robyn Fivush) offenbarte den besten Indikator für die emotionale Gesundheit und das generelle Glück eines Kindes: Geschichte. Je besser das Kind die ›Geschichte‹ seiner Familie kennt, je mehr es also über seine Verwandtschaft weiß und die Hindernisse, die einzelne, auch entferntere Familienmitglieder überwinden mussten, um überleben zu können und Erfolg zu haben, desto »stärker ist das Gefühl des Kindes, Kontrolle über sein Leben zu haben, desto größer sein Selbstbewusstsein.«

Es geht also darum, dass sich Eltern mit ihren Kindern hinsetzen und ihnen ihre Geschichten erzählen. Aber vielleicht haben sie nie lange genug mit ihren eigenen Eltern zusammengesessen, um deren Geschichten zu erfahren.

Doch noch ist nicht alles verloren. Es scheint, als würden wir gerade in ein neues Zeitalter eintreten: das Zeitalter der Story (zurück zum Lagerfeuer!), oder besser: die Ära der Erschaffung von Inhalten. Wer die bessere Story hat, gewinnt. Darum ist es entscheidend, dass wir lernen, unsere Geschichten gut zu erzählen, damit wir das Beste aus ihnen herausholen. Aber zuerst müssen wir der Tatsache Rechnung tragen, dass eine Story nur dann gewinnen kann, wenn wir das Prinzip des ›Kontext‹ verstehen – womit das Set-Up der Story gemeint ist, das der ihr innewohnenden Wahrheit einen Rahmen gibt und ihre Gefühle in den richtigen Bezug setzt.

Norman Lear, der Erschaffer von *All in the Family* (einer der beliebtesten TV-Serien in der Geschichte der USA), sagte: »Wir leben in der emotional verwirrendsten Zeit der Weltgeschichte.« Geschichten schaffen Klarheit. Sie helfen uns dabei, richtig zu fühlen und die Welt zu verstehen, die uns umgibt. Ohne diesen Kontext wäre jede nächste Generation steuerlos und verwirrt. Die Beherrschung dieser Kunst ist also eine Art Superkraft.

Ich hoffe, dass dir dieses Buch die Werkzeuge bieten wird, die du brauchst, um mit Leidenschaft und Erfolg deine eigene Geschichte zu erzählen. Dass du nach der Lektüre in der Lage sein wirst, dein Publikum mit lebendigen Bildern zu verführen, zu überzeugen, zu faszinieren und bleibende emotionale Verbindungen zu schaffen.

In jedem der zuerst folgenden acht Kapitel stelle ich eine zentrale Story vor, die zuweilen von kleineren Stories unterstützt wird. Jede Story wird einen der Kernpunkte der Kunst des Storytellings veranschaulichen. Meine Intention ist, dass jedes Kapitel einen der Kernpunkte klärt und alles aufeinander aufbaut, ein bisschen wie eine Pyramide. Du wirst zudem einem fundamentalen, unumstößlichen Gesetz des Storytellings begegnen und feststellen, dass Aristoteles recht hatte: Alle guten Geschichten haben eine Struktur. Einen Anfang, einen Mittelteil und ein Ende.

Ganz hinten im Buch gibt es ein paar Übungen, mit denen du deine neuen Storytelling-Skills trainieren kannst, bevor du dich an diese große Präsentation wagst, die Entstehungsgeschichte deiner Firma aufschreibst oder einfach nur das Feuer deiner eigenen Geschichte weiterträgst.

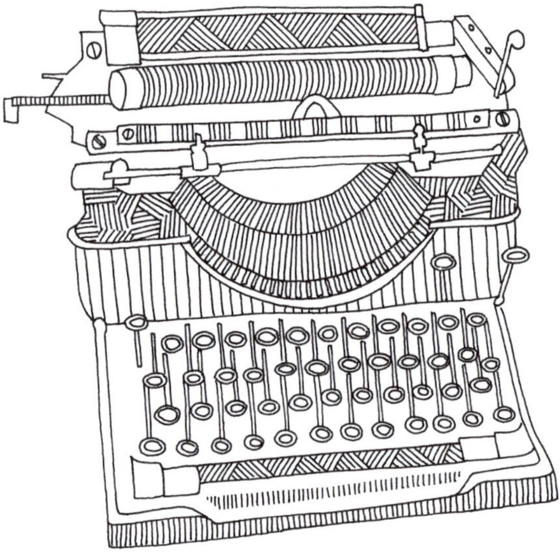

**»Ich halte mir sechs ehrliche Diener.
Sie lehrten mich alles, was ich weiß.
Sie heißen Was und Warum und Wann
Und Wie und Wo und Wer.«**

Rudyard Kipling,
Das Elefantenkind

1
Das Handwerk

Wenn es jemals einen Großmeister des Geschichtenerzählens gegeben hat, dann Kipling, und der wusste, dass Geschichten eine elementare Struktur haben und die wichtigsten Fragen beantworten müssen: wer, was, wann, wo, warum, wie. Dieses Gesetz saugen alle Reporter auf wie Muttermilch, spätestens an dem Tag, an dem sie ihre erste Story schreiben. Wie Sergeant Joe Friday mit seiner todernsten Stimme in der beliebten US-Krimiserie *Polizeibericht* sagen würde: »Nur Fakten, Ma'am. Nur Fakten.«

Aber natürlich wusste Kipling auch, dass die emotionale Verbindung von all dem erzeugt wird, was hinter diesen Fakten liegt. Und das ist der Schlüssel zum guten Storytelling. Oder, wie ich es nenne: die Story hinter der Story.

Aber zuerst ein bisschen was übers Zuhören. Wie Ralph Waldo Emerson, der renommierte Dichter und Vertreter des Transzendentalismus im 19. Jahrhundert scharfsinnig beobachtet hat, erzählen einem die Leute immer das, was sie wirklich denken, ob sie sich dessen nun bewusst sind oder nicht. Wer wirklich zuhört, wird das beobachten können. Wir alle versenden ständig unsere geheimsten Gefühle und Gedanken, offenbart durch Randbemerkungen, unsere Körpersprache und unbefangen preisgegebene Ansichten. Deswegen ist die Beherrschung der Kunst des Storytellings

so essenziell. Sie wird dir die Fähigkeit verleihen, dir jederzeit darüber bewusst zu sein, was du sagen – und offenbaren – willst, und was nicht.

In meinen 20 Jahren des Unterrichtens habe ich vor allem zugehört. Meistens beginne ich einen neuen Kurs, indem ich die Schüler bitte, mir – und der Gruppe – etwas über sich zu erzählen, von dem wir sonst nie erfahren würden. Die ersten zwei, drei Schüler geben für gewöhnlich nur irgendeine simple Information über ihr Leben preis. Nichts, was zu viel über sie verraten würde. Sie lachen, nervös und verlegen – und die anderen auch. Jeder kann ihr Unbehagen nachempfinden. Währenddessen höre ich einfach nur zu, beobachte ihre Nervosität und Unsicherheit, und ich frage mich: »Warum haben sie gerade diesen Zeitabschnitt ihres Lebens gewählt für die Geschichte, die sie erzählen?« Und dann lausche ich nach dem, was sie nicht sagen, und versuche die wirkliche Geschichte zu finden.

Für gewöhnlich unterbreche ich sie irgendwann mit ein oder zwei Fragen, woraufhin sie uns dann – ohne Ausnahme – die wirkliche Geschichte erzählen. Von diesem Punkt wartet jeder im Raum ungeduldig auf seinen Einsatz. Die Geschichten der Schüler werden tiefer und detaillierter. Letztlich wollen wir alle gehört werden. Wir alle haben eine Geschichte, die wir erzählen wollen.

In einem meiner Kurse erzählte ein Teilnehmer zum Beispiel unbekümmert von einem »interessanten Trip« nach Israel, den er unternommen hatte, nachdem seine Ehe gescheitert war. Er lieferte uns einen beinahe gleichgültigen Bericht über seine Besuche in Jerusalem und des Westjordanlands. Als er fertig war, fragte ich ihn: »Und warum bist du so kurz nach deiner Scheidung ausgerechnet nach Israel gereist?« Stille im Raum. Der Teilnehmer hielt zwinkernd die Tränen zurück und bestätigte, dass seine Ehe nach 15 Jahren gescheitert war. Dann begann er wirklich zu reden und erzählte uns, dass die Reise für ihn eigentlich eine Art spirituelle Suche war.

Ich erkläre meinen Schülern, dass es mir nicht darum geht, in ihrem Privatleben rumzuschnüffeln oder irgendeine Art kalifornischen New Age Gruppen-Bonding-Moment zu erzeugen. Stattdessen höre ich einfach nur zu und suche nach dem ›Schwellen‹-Moment. Wir alle kommen an Schwellen. Die Frage ist: Wie verhalten wir uns in diesen Momenten? Erstarren wir, werden wir taub, versuchen wir wegzurennen? Oder stellen wir uns unserer Angst und bringen den Mut auf, durch das ›reinigende Feuer‹ zu gehen?

Ein anderer Schüler, ein hübscher junger Mann Ende zwanzig, gab freiwillig preis, dass er als Profi in der Ersten Liga Football gespielt hatte, bis er sich in einem Spiel verletzte. Die Verletzung hatte ihn gezwungen, seine Karriere zu beenden. Alle im Raum rangen nach Luft – vor Begeisterung. Welch aufregende Information. Jemand in unserer Mitte war einst ein ›Star‹ gewesen – zumindest ein aufstrebender auf einer großen Umlaufbahn. Währenddessen untersuchte ich seine Körpersprache, wie er beim Sprechen in die Ferne blickte. Als er fertig war, fragte ich einfach nur: »Und wie war es, dieses Leben loszulassen und dieses Spiel, das du gespielt hast, seit du ein kleiner Junge warst?« Auch hier: Tränen, die in Augen schossen. Er sagte leise: »Ich habe gespielt … Ich habe in der Ersten Liga gespielt …« Mehr brachte er nicht hervor, aber all die Jahre harter Arbeit und all seine zerschmetterten Träume waren plötzlich spürbar präsent.

Und dann war da diese Schülerin, eine entzückende Sri Lankerin, Maya, die nach meinem Kurs in Ronda, Spanien, aufgeregt auf mich wartete. Sie hatte im Jahr zuvor an einem meiner Kurse teilgenommen. Der Kurs endete am 15. Dezember 2004. Am nächsten Tag war sie für die Weihnachtsfeiertage zurück in ihr Land geflogen, und am 26. Dezember fuhr sie mit zwei Freundinnen mit ihren Motorrollern an den Strand. Sie gingen gerade über eine Landenge zu einer Insel in Küstennähe, als sie ein übermächtiges, ohrenbetäubendes Tosen hörten. Der Tsunami raste von beiden Seiten auf ihren schmalen Streifen Land zu und riss alles mit sich, was sich in seinem Weg befand. Sie versuchten wegzurennen, aber die berghohen Wellen kamen immer näher – von links und rechts – und rasten unausweichlich auf sie zu. Die drei klammerten sich aneinander fest. In diesem Moment, sagte Maya, erinnerte sie sich an die Lebensweisheit aus der Kunst des Storytellings, die ich ihr gerade erst beigebracht hatte: Dass wir alle lernen müssen, die Macht des Meta-Narrativen wahrzunehmen, das sich durch unser Leben zieht, und dass es bestimmte Schlüsselmomente geben wird, an denen wir aufgefordert werden, »loszulassen« und uns zu erlauben, transformiert zu werden. Maya gab auf, ließ ihren Willen fahren, und wurde irgendwie genau in diesem Moment emporgehoben und den ganzen Weg zurück an Land getragen, zusammen mit ihren beiden Freundinnen. Als sich das Wasser zurückgezogen hatte, waren sie umgeben von Zerstörung, Trümmern, Tod. Und blieben zurück voller Ehrfurcht und tiefer Demut.

Ich stelle meine Fragen nie, um die Leute in gruppentherapeutische Situationen zu bringen. Ich will sie immer nur dazu ermutigen, ihren Eigenanteil in dem gewaltigen Narrativ zu erkennen, das sich in ihrem Leben abspielt.

Denn wir alle befinden uns mitten in einer großartigen Geschichte. Da ist ein ständiges Narrativ am Werk, das wir mit unseren Lebensentscheidungen formen und beeinflussen. Storytelling liefert die Linse, durch die wir diese Entscheidungen klarer erkennen können. Es weitet unseren Blick. Und mit dieser Klarheit können wir unser Schicksal am Schopf packen. Wir sind keine Opfer, die hilflos hin und her geworfen werden. Wir können die Entscheidungen, die wir treffen müssen, sachlich betrachten, bewerten und begrüßen – wir können unserem Frust Luft machen; unsere Verwirrung entwirren; sogar ein Netz aus Lügen aufdröseln. Und das alles, damit wir den Weg zu einer viel größeren Geschichte finden können. Eine, die wir nun bewusst kontrollieren können, mit weit geöffneten Augen. Durch Geschichten wird unser wahres Wesen sichtbar, oder während des Prozesses transformiert – wie das Wegschmelzen der Schlacke bei der Gewinnung von Gold.

Ich hatte Glück. In meiner Kindheit bekam ich viele der großen Geschichtenerzähler aus der Gegend zu hören, in der ich geboren wurde. Ich stamme sogar von ihnen ab. Einer meiner Vorfahren (ein Patriot im Amerikanischen Unabhängigkeitskrieg, der mit George Washington bei Valley Forge gekämpft hat) ließ sich in Kentucky nieder, als man nach dem Krieg den Soldaten Land schenkte. Und dort wurde unsere Farm gegründet, auf einer Hochebene, auf der einst Cherokees gelebt hatten (wir fanden ihre Töpfe unter unserem Haus und abertausende indianische Pfeilspitzen). Zwanzig weitere Familien siedelten sich an auf diesem schroffen, hügeligen Land, das aus den Höhenzügen der Appalachen floss. So entstand die Gemeinschaft aristokratischer Bauern, die später unter dem Namen Creelsboro bekannt wurde. Die Stadt selbst erreichte man nur mit dem Dampfboot, über ausgetrocknete Flussbetten oder die Büffelpfade – uralte, breite Wege, die durch dichte Wälder schnitten. Als meine Vorfahren kamen, brachten sie Sklaven, um die tausendjährigen Bäume zu fällen. Irgendwann in den Anfangstagen, lange vor dem Amerikanischen Bürgerkrieg, wurden die Sklaven freigelassen, und man gab ihnen Land oben in den Niederungen hinter unserer Farm.

In meinen Zwanzigern, in den späten siebziger Jahren, ergatterte ich ein kleines Stipendium, um die Oral History dieses abgelegenen ›Brigadoon‹-artigen Tals zu sammeln, in dem seit mehr als 150 Jahren dieselbe Gemeinschaft an Familien lebte. Ich wollte die Geschichten der Alten festhalten, bevor sie verschwanden.

Doch ich fand nur noch eine afroamerikanische Frau namens Luella, die von den Sklaven meiner Familie abstammte. Luella erzählte mir viele Geschichten aus ihrer Kindheit in Creelsboro, unter anderem von ihrer 94-jährigen Großmutter und wie diese davon erzählte, als die letzten Cherokees unser kleines Tal verlassen hatten. Sie zogen davon auf dem Büffelpfad, verschwanden im Nebel, der vom Fluss aufstieg, und wurden nie wieder gesehen. Und wie war es, fragte ich, in diesem abgelegenen, unzugänglichen Flusstal aufzuwachsen? Luella wusste, was ich sie eigentlich fragte. Die Frage, die zu stellen ich nicht den Mut hatte: ›Wie war es, schwarz zu sein in einer ansonsten vollkommen weißen Gesellschaft?‹ Luella zog die Schultern zurück, faltete voller Würde ihre Hände im Schoß und sagte: »Ich wusste gar nicht, dass ich farbig bin. Das habe ich erst begriffen, nachdem ich von hier weggezogen war.«

Da verstand ich, dass meine Familie zu den Pionieren der Sklavenbefreiung gehört hatte. Als ich meine 1898 geborene Großtante Margie danach fragte, war sie beleidigt: »Was soll das? Wir haben unsere Handlungen oder Einstellungen nie an die große Glocke gehängt. So lief das hier einfach. Alle waren gleich in Creelsboro.«

Hätte ich nicht nach der Geschichte gesucht, hätte ich nie davon erfahren.

Das Recherche-Stipendium bekam ich, weil die Forschungsbibliothek des Kongresses der Vereinigten Staaten erkannt hatte, dass eine komplette traditionelle amerikanische Kunstform im Aussterben lag: die Oral History. Also riefen sie Stipendien aus. Meine Suche nach diesen sich im Verschwinden befindenden Erinnerungen öffnete mir die Augen für etwas völlig Neues. Plötzlich fand ich mich auf einer phantastischen Zeitreise wieder, getragen von der Poesie, dem Witz und Sound meisterhafter Geschichtenerzähler, die in den abgelegenen Hügeln der Appalachen geformt worden waren wie Diamanten, die man in Kohlen findet. Ich war erfüllt mit Stolz auf meine Herkunft und begriff, dass Storytelling der Kleber ist, der das Leben zusammenhält. In der kleinen Stadt, aus der meine Familie stammte, musste man jeden Tag mindestens eine Geschichte erzählen. Dabei ging es um mehr als nur um Konversation. Geschichten waren die wichtigste Form der Unterhaltung. Sie waren der iPod und die sozialen Medien ihrer Zeit. Jeder wollte die besten Geschichten erzählen. Und so entstanden in diesem schroffen Land unter dem Druck des Noch-einen-Draufsetzens die größten Diamanten.

Heute weiß ich, wie allgegenwärtig das Erzählen von Geschichten gewesen ist. Es kam von meinen Großeltern, Tanten, Onkeln, meinem Vater, den Nachbarn, dem Pfarrer und den Ladenbesitzern am Marktplatz der Stadt. Wenn irgendwer ankam, wurde ein Stück Kuchen gereicht und frischer Kaffee aufgesetzt. Und dann ging es los mit den Geschichten. Eine führte zur anderen. Irgendwer sagte: »Das erinnert mich daran, wie …«. Als ich noch ganz klein war und es spät wurde, schickte man mich hoch ins Bett. Oft fand mich meine Mutter Stunden später schlafend am Fuße der Treppe, den Kopf an die Tür gelehnt. Ich hatte so lange zugehört, wie ich konnte.

Und so zog ich Jahre später zwei Jahre lang durch diese Region auf einer Art Wallfahrt und sammelte die Geschichten einer vor meinen Augen verschwindenden Ära. Nachdem ich meine Aufnahmebänder dem Archiv des Kentucky Museums übergeben hatte, machte ich mich auf den Weg nach Hollywood und seinem innersten Heiligtum: dem Reich der Story-Entwicklung für Filme. Hier fand ich meinen Stamm. Bald begriff ich, dass Erfolg im Showbusiness einzig und allein darauf beruht, wie gut man seine Geschichte erzählt. Ich gebe zu, dass mich das anfangs verwirrt hat. Warum war das so schwer? Dann begriff ich, dass ich etwas, was ich für gegeben gehalten hatte, erst dekonstruieren musste, um anderen Menschen beibringen zu können, wie gut man das machen kann.

Indem ich das tat, habe ich diverse fundamentale Grundsätze des Storytellings erkannt und seitdem eine Liste aus zehn Punkten erstellt, auf die ich immer wieder zurückgreife.

Diese Grundsätze stehen auf der nächsten Seite. Wir werden sie in den folgenden Kapiteln erforschen. Vertraue dem Prozess; er wird zu einem Teil von dir werden, denn letztlich sind wir geboren, um Geschichten zu erzählen.

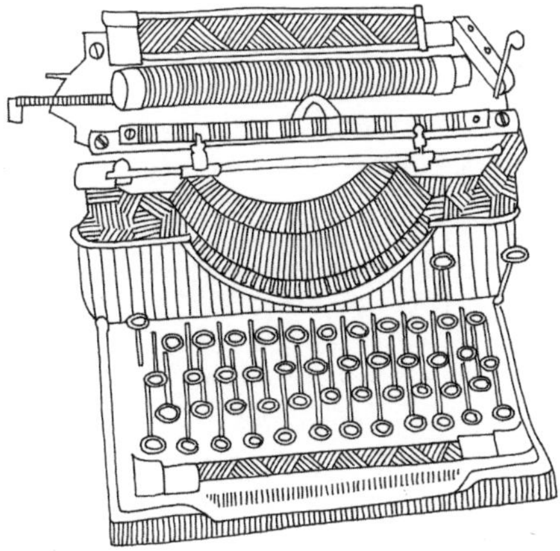

Die 10 Grundsätze des Storytelling

1. Erzähle deine Geschichte, als würdest du sie einem Freund erzählen: Das gilt immer, egal wo du bist und wer dein Publikum ist.

2. Stelle das GPS ein: Gib den Ort an, die Zeit, das Setting und jeden relevanten Kontext. Halte es sachlich, kurz und herzlich.

3. Action! Benutze aktive Verben oder, wie ich gerne sage: »Mach den Hemingway« – peppe deine Verbwahl auf, aber bleibe prägnant. Kauf dir einen Thesaurus (oder besorge dir eine kostenlose App). Vermeide mehrsilbige, akademische Angeber-Verben, überintellektualisiere nicht, philosophiere nicht, schinde keinen Eindruck. Siehst du, wie viele Angeber-Verben ich gerade benutzt habe? Es wird sehr schnell langweilig, nicht wahr?

4. Erzeuge Reibung: Nimm zwei gegensätzliche Ideen, Bilder oder Gedanken und führe sie zusammen. Lass sie kollidieren. Denke an den deutschen Philosophen Friedrich Hegel: Durch die Gegenüberstellung zweier gegensätzlicher Gedanken entsteht ein neuer (These + Antithese = Synthese). Mit diesem Werkzeug weckst du dein Publikum auf, und es ist die Wurzel jeder erfolgreichen Geschichte.

5. Das schimmernde Detail: Wähle eine gewöhnliche Situation oder ein Objekt und lass es zu einem »schimmernden Detail« werden. Etwas, was die Essenz der Story am besten einfängt und versinnbildlicht. Verwandele das Gewöhnliche in etwas Außergewöhnliches.

6. »Reiche den Funken weiter«: Erinnere dich an die Erfahrung oder Idee, die dich ursprünglich gefesselt hat, mit der alles losging, und reiche sie ganz einfach an dein Publikum weiter, als wäre es eine Fackel. Trage das Feuer.

7. Sei verletzlich: Trau dich, das Grundgefühl deiner Geschichte zu teilen. Hab keine Angst davor, dein Publikum das zu fragen, was du dich auf deinem Weg gefragt hast, damit es deine Zweifel teilt, deine Angst, Verwirrung, Wut, Trauer, Freude, Begeisterung und Erkenntnis.

8. Aktiviere dein Sinnes-Gedächtnis: Wähle jenen der fünf Sinne, der in Deiner Story am stärksten vertreten ist, und benutze ihn, um eine tiefere Verbindung mit deinem Publikum herzustellen. In jeder Story gibt es eine primäre, die Story bestimmende Sinneswahrnehmung.

9. Bring dich selber ein: Du bist so sehr die Story, wie alles, was du tust.

10. Lass los: Gib deine Geschichte frei, lass sie sich zu ihrem natürlichen, emotionalen Höhepunkt aufbauen und dann bring sie zu Ende und geh schnell raus. Lass das Publikum hungrig zurück. Weniger ist mehr.

**»Deine Worte werden gewichtig werden,
wenn sie die Botschaft deines Herzens tragen.«**

John Ford

2
Die Werkzeuge

Vor einiger Zeit bat mich eine junge amerikanische Frau namens DJ Forza um Rat. Sie war kurz zuvor eingeladen worden, in Zug in der Schweiz einen TEDx Talk zu halten. Man hatte sie gebeten, davon zu berichten, wie es ihr gelungen war, im Bereich der Citizen Diplomacy* zu promovieren. DJ war einerseits erfreut über diese Gelegenheit, aber auch gleichzeitig – wie so viele – entsetzt bei dem Gedanken daran, vor Publikum eine Rede halten zu müssen. Im Verlauf unserer Gespräche erlebte ich, wie DJ eine weitere Fähigkeit erlernte – und zu einer selbstsicheren und erfolgreichen Geschichtenerzählerin wurde. Dies gelang ihr, indem sie jeden meiner 10 Grundsätze des Storytellings befolgte. Ich werde dich nun an unserem Prozess teilhaben lassen und hoffe, dass du dadurch die Werkzeuge kennenlernst, die du brauchst, um deine eigenen Geschichten zu finden, zu formen und zu strukturieren.

An jenem Nachmittag, als DJ und ich uns trafen, waren wir umgeben von »des Apriltags unbeständgem Glanz«

* Das politische Konzept der Citizen Diplomacy ist ein spezifisch amerikanisches und lässt sich in groben Zügen mit dem deutschen Freiwilligendienst vergleichen: Jeder US-Bürger hat die Möglichkeit, auf ganz unterschiedliche Weise in anderen Ländern aktiv zu werden und so die internationalen Beziehungen der USA zu beeinflussen.

(um Shakespeare zu zitieren). Ich schlug vor, im Nieselregen durch eine kleine Senke voller Glockenblumen zu spazieren. Gehen ist gut bei dieser Art von Gesprächen, da es hilft, einen anderen Ideenfluss zu erzeugen – ganz anders, als würde man sich wie ein Patient und Therapeut gegenübersitzen. Vor allem halfen die wunderschöne Umgebung und die körperliche Bewegung, DJ die Scheu zu nehmen, mit mir, der angeblichen Expertin, zu reden. Ich hörte ihr einfach nur zu – wie eine Freundin. DJs größte Angst in Hinblick auf ihren 20-minütigen Vortrag war alles andere als ungewöhnlich: Sie hatte das Gefühl, in zu kurzer Zeit zu viel zu erzählen zu haben und wusste nicht, wie sie das Monster zähmen sollte. Ihr Thema war ein großes und ehrenwertes, und sie wollte unbedingt ihre Zuhörer inspirieren, wie auch sie einst inspiriert worden war, um sie dazu zu animieren, freiwillig ihre Urlaubszeit in den schlimmsten Krisenherden der Welt zu verbringen.

Ich stellte DJ spezifische, fokussierte Fragen. Wie war ihre persönliche Reise verlaufen? Widerwillig gab sie zu, in New York Mitglied eines Konzernvorstands gewesen zu sein. Anfangs weigerte sie sich, darüber zu reden. Sie wollte keine Aufmerksamkeit auf sich lenken. Sie sprach in einem fort davon, etwas zurückgeben zu wollen, und dass Menschen in kriegszerstörten Ländern keine Almosen brauchten, sondern konkrete Aufbauhilfe, die sie wieder auf die Beine bringen würde. Und immer wieder erzählte sie, leidenschaftlich, aber dabei allgemein bleibend, wie gut organisiert die Hilfsorganisation gewesen war, bei der sie als Freiwillige gearbeitet hatte. Sie sprach davon, wie manche Menschen von ihrem Mitgefühl überwältigt werden, wenn sie eine Katastrophe in den Nachrichten sehen, und dann reisen sie in das Katastrophengebiet, um zu helfen, sind aber praktisch Touristen, stehen im

Weg herum und verbrauchen letztlich die Ressourcen für die Wiederaufbaumaßnahmen.

Das alles waren fundierte und wichtige Informationen, die jedoch auch ein wenig langweilig wirkten, also unterbrach ich sie. Ich wollte ihre eigene Geschichte hören. Indem sie sich selbst in ihre Geschichte einbringen würde, würde sie es ihrem Publikum leichter machen, eine Verbindung zu ihr aufzubauen. Also fragte ich sie nach ihren persönlichen Konflikten und Kämpfen. Was hatte sie für sich selbst aus all diesen Erfahrungen gezogen?

Doch diesen Bereich wollte DJ nicht betreten. Sie glaubte, dass es niemanden interessieren würde – oder überhaupt nur interessieren sollte. Wichtig war das Ziel ihrer Mission. Über sich selbst zu reden, würde die Bedeutung ihrer Arbeit mindern.

Also versuchte ich es mit einem anderen Ansatz. Ich fragte sie: »An was erinnerst du dich zuerst, wenn du an deine weltweiten Freiwilligeneinsätze denkst?«

DJ wurde sofort emotional. Ihre Stimme wurde sanfter. Sie wischte sich die Tränen aus den Augen und erinnerte sich an den 11. März 2011, an das verheerende Erdbeben in Japan, den Tsunami und die darauf folgende Nuklearkatastrophe von Fukushima.

Wegen ihres ständigen Kontakts mit einem Freiwilligenkorps war es DJ möglich gewesen, kurz nach der Tragödie nach Japan zu fliegen, um im Rahmen einer massiven globalen Hilfsaktion bei den Aufräumarbeiten zu helfen. Tagelang hatten DJ und ihr internationales Team aus Freiwilligen Seite an Seite mit den japanischen Familien gearbeitet, von deren Häusern nur noch Trümmerhaufen geblieben waren, ganze Städte waren von den Fluten davongerissen worden. Hunderte Einheimische schufteten neben den Freiwilligen. Während dieser endlosen, betäubenden Stunden des Aufräumens und Aussortierens bemerkte DJ eine

Japanerin mittleren Alters, die an der Seite eines sehr alten japanischen Paars arbeitete. Sie war die Tochter der beiden und sprach englisch.

Nach etlichen endlos erscheinenden Tagen der Schufterei fragte die Tochter DJ, ob sie auf einen Tee mit zu ihnen nach Hause kommen würde. DJ war sprachlos ob dieser Einladung. Es war eine derartige Ehre. Sie nahm die Einladung an und folgte ihnen zu ihrem Haus, das trotz der Katastrophe noch teilweise unbeschädigt war. Während die alte japanische Mutter voller Sorgfalt den Tee zubereitete, sah sich DJ im Zimmer um. An einer Wand hingen Fotos aus der Zeit des Zweiten Weltkriegs, die einen hübschen jungen japanischen Soldaten zeigten, bei dem es sich vermutlich um den älteren Herrn handelte, mit dem sie nun Tee trinken würde, und der still in der Ecke saß, jede ihrer Bewegungen beobachtend. DJ fragte die Tochter leise, ob der junge Soldat ihr Vater sei. »Ja«, antwortete sie, »das sind alles Fotos von meinem Vater aus dem Krieg.« Die beiden Alten bemerkten, dass DJ die Fotos betrachtete, blieben aber still. Dann sagte die Tochter: »Deswegen wollte meine Mutter dich zum Tee einladen. Sie konnte einfach nicht glauben, dass eine Amerikanerin den ganzen Weg hierhergekommen ist, um uns zu helfen. Sie wollte sich bei dir bedanken.«

Ich sagte ihr, dass sie genau diese Geschichte erzählen müsse, doch DJ hatte Angst, dass sie dabei in Tränen ausbrechen würde.

Aber das war die wirkliche Geschichte oder »die Story hinter der Story« (dazu später mehr). Es war das entscheidende Ereignis, durch das DJ die Bedeutung und Wirksamkeit der Citizen Diplomacy verstand und das sie dazu inspirierte, ihre erfolgreiche Konzernkarriere in New York aufzugeben und sich der Kiva-Bewegung anzuschließen (einer Wohltätigkeits-Organisation aus den USA, für die Fachleute als unbezahlte

Freiwillige in mehr als 60 Ländern bei der Vermittlung von Mikrokrediten helfen). DJ lebte fünf Monate lang in Tiflis, der Hauptstadt Georgiens, einem einst sowjetischen Staat, und promoviert auf der Basis dieser Erfahrungen derzeit in Genf im Bereich der Citizen Diplomacy.

Natürlich habe ich DJ ermutigt zu versuchen, diese Geschichte zu erzählen – denn mit der konkreten Geschichte erzählt man automatisch auch die universelle. Okay, sie würde dabei einen kurzen Zusammenbruch riskieren, aber ich machte klar, wir dürften nie vergessen, dass sich unser Publikum danach sehnt, tief bewegt zu werden. Wir alle sehnen uns nach Verbindung. Um nichts anderes geht es.

Ein paar Monate später hielt DJ ihren Vortrag. Sie begann ihn mit einer genialen Gegenüberstellung. Sie sagte: »Was, wenn du deiner Mutter sagen würdest, dass du deinen Urlaub an einem der schlimmsten, elendsten, von Armut zerrütteten Orte der Welt verbringen wirst?« Ich hielt das für einen exzellenten »Aufmacher«. Sie packte ihr Publikum unmittelbar mit zwei kollidierenden Ideen, die es sofort wachrütteln würden. In diesem Fall: dein Urlaub versus dein Bedürfnis, anderen zu helfen. Und dann gelang es ihr, die Geschichte ihrer persönlichen Entwicklung mit ihrem Glauben an die Kraft der Citizen Diplomacy zu verweben. Sie beschrieb die steten weltweiten Bemühungen, gut organisierte, professionelle Netzwerke aus Freiwilligen zu schaffen, die in der Lage sind, binnen kürzester Zeit in Katastrophengebiete zu reisen und dort konstruktive Hilfe zu leisten. Sie zeigte Vorher- und Nachher-Fotos der Aufräumarbeiten in Japan, Bilder aus Haiti nach dem Erdbeben und Aufnahmen der Armut aus Ländern, die von Kriegen zerstört waren.

Später erzählte mir DJ, dass nach ihrem Vortrag zahlreiche Leute aus dem Publikum zu ihr gekommen waren, um sich persönlich dafür zu bedanken, dass sie ihre Geschichte erzählt hatte. Sie waren tief bewegt gewesen und konnten sich nun sogar vorstellen, professionelle freiwillige Katastrophenhelfer zu werden. Dies war von Anfang an DJs Ziel gewesen.

Auch ich war bewegt. Denn dies ist die wahre, pure Freude des Storytellings. Deinem Publikum die Augen zu öffnen, den Blick zu weiten und es – im besten Fall – dazu zu bewegen, selbst zu handeln. Zu Handlungen zu animieren, die die Welt zu einem besseren Ort machen. Mehr kann man sich nicht wünschen.

Alle Karten auf den Tisch: Letztlich hat es DJ nicht über sich gebracht, die Geschichte ihres Wirkens und ihrer Erlebnisse nach dem Tsunami in Japan zu erzählen. Sie hatte immer noch zu viel Angst, dass sie zusammenbrechen würde. Und deswegen werde ich sie hier und jetzt, mit ihrer Erlaubnis, für sie erzählen.

Analysieren wir nun also DJs Lernprozess, der es ihr ermöglicht hat, ihre Geschichte zu erzählen. Vor ihrem Vortrag:

1. Sie hatte Angst und war nervös. Ganz wichtig: Das sind wir alle. Selbst Ringo Starr (ein Beatle, um Himmels willen!) gesteht, dass er immer noch, nach all den Jahrzehnten, Lampenfieber hat, bevor er auf die Bühne geht.
2. Sie hatte das Gefühl, zu viel zu erzählen zu haben in viel zu kurzer Zeit. Das ist das ewige Problem. Wie können wir »das Monster zähmen«, die Schlüsselmomente herauskristallisieren und daraus die bestmögliche Geschichte kondensieren?
3. Sie wollte die Aufmerksamkeit nicht auf sich lenken, da ihr Anliegen so viel größer war als sie selbst.
4. Sie hatte Angst davor, in aller Öffentlichkeit emotional zu werden.
5. Sie spürte die Bürde der angemessenen Vermittlung der Bedeutung ihres Themas: die Wirksamkeit und die Möglichkeiten von Citizen Diplomacy.

Hier sind die konkreten Maßnahmen, die sie angewandt hat, um ihre Geschichte zu gestalten:

1. Sie packte ihr Publikum gleich zu Beginn mit der Gegenüberstellung zweier kollidierender Ideen: Urlaub nehmen und dabei an einen der elendsten, von Armut zerrütteten Orte des Planeten reisen. Eine sehr visuelle und wirksame Headline. Stell dir einen schrecklichen Ort vor. Stell dir vor, dort deinen Urlaub zu verbringen. Das war ihr Aufmacher.

2. Sie nahm das Publikum mit auf eine Reise. Sie machte es persönlich, sodass die Leute ihr folgen konnten.

3. Sie veranschaulichte den Ursprung ihres Traums von Freiwilligendiensten und dann die Konflikte und Probleme, die dieser mit sich brachte. Vor allem wollte DJ deutlich machen, dass es wichtig ist, kein »mitfühlender Tourist« zu sein, sondern ein Freiwilliger im Rahmen einer professionellen Organisation mit Erfahrung in Katastrophenhilfe.

4. Sie benutzte vor allem eine unserer Sinneswahrnehmungen: die visuelle. Sie zeigte Bilder von Katastrophengebieten, das Grauen des Desasters, die Folgen. Als ihr Publikum die überwältigende Notwendigkeit jeder Art von Hilfe nach dem japanischen Tsunami erkannte, konnte es die gleichen Bilder honorieren, die Monate später aufgenommen waren, als die Trümmer teilweise beseitigt waren.

5. Die Berichte über ihre Handlungen als Freiwillige erhoben ihr Publikum im Verlaufe der Geschichte über sich selbst hinaus. Und als sie ihre Story beendet hatte, waren auch ihre Zuhörer inspiriert, selbst tätig zu werden.

In meiner Erzählung von DJs Geschichte habe ich auch eine »kleine Sache« sichtbar gemacht oder das »schimmernde Detail« eines einfach japanischen Tees. Indem sie zu etwas Gewöhnlichem eingeladen worden war, erlebte DJ einen außergewöhnlichen Vorgang: die heilende Kraft von Freiwilligendiensten – über Dekaden und Tausende von Meilen hinweg.

Wir werden die Kraft des schimmernden Details im folgenden Kapitel ausführlich behandeln – bleib dran.

»Es sind die kleinen Unterschiede.«

Vincent Vega,
Pulp Fiction

3
Das schimmernde Detail

Um eine Geschichte unvergesslich zu machen, musst du dieses eine Bild finden, das eine Verbindung mit dem Publikum erzeugt, diesen »Aha!«-Moment. So kommt es zur Erleuchtung, nach der wir in einer großartigen Geschichte suchen – diese überraschende Offenbarung oder dieser Seufzer des Wiedererkennens. Jenes ganz bestimmte Bild kann – perfekt platziert – aus einer guten Geschichte eine großartige machen. Wir nennen es das »schimmernde Detail« – ein Begriff, der von dieser so großen Nation an Geschichtenerzählern stammt, den Iren –, und wir bezeichnen damit jenes Element, das eine Story herausragend macht.

Das schimmernde Detail ist dieses eine Ding, das die Aussage einer Geschichte und ihr Grundgefühl gleichzeitig einzufangen vermag, sozusagen auf einen Schlag, in einem einzigen eleganten Moment der Klarheit. Es ist das unmittelbare Sichtbarwerden jener Wahrheit, die jeder Geschichte innewohnt. Während du also deine Geschichte entwickelst, frag dich stets: Was ist die ihr innewohnende Wahrheit?

Wenn du auf diese Weise arbeitest, kann es durchaus sein, dass sich dieses ganz spezifische und einzigartige schimmernde Detail deiner Geschichte von selbst zeigt. Vor allem musst du darauf hören, was dir die Geschichte sagen will. Für gewöhnlich wird sich die Essenz der Story in einem ganz gewöhnlichen Detail offenbaren. Erinnere dich an DJ Forza und den simplen Akt des gemeinsamen Teetrinkens. Genau darum geht's. Denk nicht zu viel darüber nach. Oft gilt: Je gewöhnlicher das Detail, desto größer oder »außergewöhnlicher« ist die tiefere Wahrheit, die damit offenbart wird.

Um dir ein Beispiel zu geben: Eine meiner Kursteilnehmerinnen, eine Dänin, erzählte in meinem Kurs die Geschichte ihrer Großmutter Helga, der Mutter ihres Vaters.

In den späten vierziger Jahren reichte Helga wegen »unzumutbarer Grausamkeit« vor Gericht die Scheidung ein – zu einer Zeit, als Frauen es nicht wagten, sich von ihren Männern scheiden zu lassen. Es war nicht gerade ratsam für eine Frau, ihre finanzielle Zukunft zu riskieren.

Helga und ihr Mann waren angesehene Mitglieder einer katholischen Gemeinde. Sie hatten zwei junge Söhne, drei und fünf Jahre alt, und lebten in einem ansehnlichen Haus. Sie waren wohlhabend. Trotzdem trieben die Ereignisse Helga dazu, die Scheidung einzureichen. Sie war gezwungen, dem Richter ihren Fall selbst vorzutragen, da sich kein Anwalt gefunden hatte, der eine Frau vertreten wollte. Am Ende bewilligte der Richter zwar die Scheidung, jedoch nicht ohne zuvor die Möglichkeit zu nutzen, sie öffentlich bloßzustellen und zu beschimpfen mit der Behauptung, dass ihre Verhaltensweise nichts weiter sei als ein Beweis für ihren erbärmlichen, armseligen Charakter. Er nannte sie eine schwache Ehefrau, ein extrem enttäuschendes Beispiel einer Mutter, und lediglich aus Mitleid mit ihren Söhnen, nur um ihnen eine gewisse Stabilität zu gewähren, sprach er Helga das Haus zu. Als Helga schließlich das Gericht verließ und zurück nach Hause ging, öffnete sie die Tür und sah, dass es vollkommen leer war. Während sie den ganzen Tag über im Gericht gewesen war (und vom Richter erniedrigt wurde), war alles ausgeräumt worden: alle Möbel, die Schränke voller Kleidung, die Betten, die Spielsachen der Kinder, die Lampen. Selbst die Fassungen der Glühbirnen waren aus den Wänden gerissen.

In dieser kurzen Geschichte, die so universell ist in ihrem Schmerz, wird uns ein »schimmerndes Detail« gegeben, das uns zeigt, was diese Frau dazu motiviert haben könnte, die öffentliche Demütigung einer Scheidung zu ertragen. Durch das Bild der herausgerissenen Lampenfassungen können wir vollkommen verstehen, warum sich Helga unbedingt von diesem Mann hatte trennen müssen, der so engherzig und rachsüchtig war, dass er seinen eigenen Kindern nicht nur ihr Spielzeug nahm, sondern auch den Strom – Licht und Wärme. Dieses simple Detail offenbart und erklärt die hinter der Geschichte verborgene tiefere Wahrheit: Helgas emotionale Verzweiflung. Durch das Bild der herausgerissenen Lampenfassungen erkennen wir die unfassbare Herzlosigkeit, die in ihrem Zuhause geherrscht haben muss. Wir sind berührt und voller Mitgefühl – und empfinden nun Bewunderung für ihren Mut.

Wie du siehst, habe ich diese Geschichte mit einer Reihe knapper Schlagworte begonnen: eine Frau reicht in den vierziger Jahren des 19. Jahrhunderts die Scheidung ein, zu einer Zeit, als das noch sehr ungewöhnlich war und verbunden mit extremen finanziellen Risiken. Dir, dem Publikum, werden nur die einfachsten Fakten gegeben. Es erfolgt keine moralische Bewertung des Ehemannes. Zunächst werden keinerlei Gründe genannt für Helgas Vorgehen. Uns wird lediglich erzählt, dass sie sich in eine sehr prekäre Lage gebracht hat und im Zuge dessen eine öffentliche Strafpredigt des Richters ertragen musste. Während die Geschichte voranschreitet, folgen wir Helga nach Hause und entdecken, dass alles, was ein Haus bewohnbar macht, weg ist – ihre Kleider, die Möbel, sogar die Spielsachen der Kinder. Und wenn es dann zur Beleuchtung kommt, bleiben wir mit der Frage zurück, wer sich die Zeit nehmen würde, Lampenfassungen herauszureißen.

Unsere abgestumpfte Gefühlssensorik ist ein Teil des Problems unserer Zeit. Wir sind kleineren Details gegenüber weniger sensibel und glauben unser Publikum löffelweise füttern zu müssen. Um für sie die Leerstellen zu füllen. Viele Erzähler versuchen Eindruck zu schinden, indem sie ihre Geschichten mit Umstandswörtern aufpumpen oder politisch korrekten Statements. Stell dir Helgas Geschichte in dieser Version vor: »Hier die schreckliche und kaum zu ertragende Story einer Frau, deren Mann so wahnsinnig rachsüchtig war, dass er ihr das Leben in ihrem eigenen Haus so dermaßen unmöglich gemacht hat, dass sie gezwungen war, extreme Maßnahmen zu ergreifen.« Und vielleicht hätten wir die Geschichte dann so beendet: »Und das ist also der Beweis dafür, was für ein gemeiner Ehemann und Vater der Typ gewesen ist, weil seine nun vollkommen bettelarme Frau gezwungen war, sich erst mal einen teuren Elektriker zu besorgen«, und so weiter.

So musst du das nicht machen. Versuch weder Eindruck zu schinden, zu bewerten, rechtfertigen oder zu erklären. Erzähle einfach die Geschichte. Und lass ihre emotionale Wirkung nachhallen, was sie ohne Zweifel tun wird. Der Trick ist, das schimmernde Detail als eine Art Hilfsmittel zu nutzen, und es sparsam einzusetzen. Es darf nie dominieren oder als Storytelling-Mittel sichtbar werden. Gehe äußerst ökonomisch mit ihm um. Platziere es nur ein oder zwei Mal, damit es herausragt.

Hier ein klassisches Filmbeispiel dafür, wie man etwas Gewöhnliches zu etwas Außergewöhnlichem macht. In Steven Spielbergs beliebtem Film *E. T. – Der Außerirdische* aus dem Jahr 1982 wird uns ein brillantes schimmerndes Detail vermittelt. Das gewöhnlichste Objekt im Leben eines zehnjährigen Jungen: ein Fahrrad.

Die meisten von uns haben den Film gesehen, und wahrscheinlich mehr als einmal, also erinnerst du dich sicher noch an die Anfangssequenz, in der Aliens in einem Wald auf einem abgelegenen Hügel am Rande einer Stadt Pflanzenproben sammeln. Es ist Nacht, und unten in der Ebene leuchten die Lichter der Stadt. Doch urplötzlich haben die Aliens Angst, machen einen hastigen Abgang und verschwinden mit ihrem Raumschiff im Nachthimmel. Ein kleines Alien jedoch wurde versehentlich zurückgelassen. Ganz allein im Wald.

Am nächsten Tag kommt Elliott, ein zehn Jahre alter Junge, mit seinem Fahrrad in den Wald. Er erkundet ihn, und auch er ist allein. Dem Fahrrad schenken wir keine Beachtung, es ist nur ein gewöhnliches, alltägliches Objekt eines Kindes. Später an diesem Tag erfahren wir, dass Elliotts Vater vor kurzem seine Familie verlassen hat und nun mit einer anderen Frau in Mexiko lebt. Und wir erfahren auch, dass Elliott von seinem 16-jährigen älteren Bruder Michael und dessen drei Freunden ständig gehänselt wird. Elliott ist also sehr einsam. An diesem Abend lassen ihn die älteren Jungs nicht mal bei ihrem Brettspiel mitmachen und schicken ihn stattdessen raus in die Dunkelheit, um ihre Pizza zu holen. Er hat Angst und hört dann auch noch ein gruseliges Geräusch. Das Geräusch führt ihn hinter das Haus, wo er E.T. entdeckt. Beide schreien vor Schreck auf. Aber dann entscheidet sich Elliott, eine Spur aus Süßigkeiten zu legen, um E.T. in sein Zimmer zu locken. Als er drinnen und in Sicherheit ist, macht Elliott E.T. in seinem Kleiderschrank ein gemütliches Lager. Am nächsten Tag versucht Elliott seinem Bruder und den anderen Jungs von seinem außerirdischen Freund zu erzählen, während er auf seinem Fahrrad sitzt und sie zum Schulbus gehen. Natürlich machen sie sich gnadenlos über ihn lustig und lachen ihn aus, während sie in den Bus steigen.

Danach lernt Elliott E.T. besser kennen, allein. Sie entwickeln eine Art mystische Freundschaft. Schließlich weiht E.T. Elliott in seinen Plan ein, »nach Hause« telefonieren zu wollen – just als die US-Behörden E.T.s Aufenthaltsort aufgedeckt haben. Die Rangordnung verschiebt sich, als Michael und seine Kumpel akzeptieren, dass Elliott tatsächlich eine Art »Kraft« besitzt und E.T. helfen wollen. Als die Polizeiautos kommen, hechten Michael und seine drei Freunde auf ihre Fahrräder und locken die Polizisten auf ein lustiges Rennen durch die Hinterhöfe der Vorstadt und springen dabei sogar über die Dächer der Polizeiautos. Sie können entkommen. Die Fahrräder gewinnen!

Nachdem sie die Polizisten überlistet haben, fahren die Jungs in den Park, wo sie Elliott und E.T. finden – der kleine Außerirdische sitzt in ein weißes Laken gehüllt im Korb des Fahrrads. Sie sind voller Ehrfurcht. Die Anordnung hat sich verschoben: Elliott ist nun der Anführer der Gruppe. Die Jungs folgen ihm auf ihren Fahrrädern, rasen durch die Straßen der Stadt, um rechtzeitig im Wald anzukommen, wo das Mutterschiff wartet. Während sie fahren, stellt sich ein Mann in den Weg und richtet eine Waffe auf Elliott. In einer extremen Nahaufnahme schließt Elliott voller Angst die Augen. Und dann … wird das Gewöhnliche zu etwas Außergewöhnlichem. Im wahrsten Sinne des Wortes: Die Fahrräder lösen sich von der Erde und steigen hoch hinauf in Richtung des Berges. Was nun folgt, ist einer der magischsten Momente der Filmgeschichte – die auf ihren Fahrrädern vor einem Vollmond durch den Himmel fliegenden Jungen. Als sie den Wald erreichen, landen sie gleichzeitig, gemeinsam. Und dort, leuchtend in der Dunkelheit des Waldes, wartet das Raumschiff, bereit zum Abflug.

Elliott beobachtet, wie E.T., sein bester Freund, davonfliegt. Erhaben steht er da, allein und abseits von seiner Mutter, seinem Bruder, seiner Schwester. Wir wissen, dass er nie wieder einsam sein wird, weil es »da draußen« jemanden gibt, der ihn stets bedingungslos lieben wird.

Das Fahrrad des Jungen ist der perfekte Einsatz eines gewöhnlichen Objektes, das zu einem außergewöhnlichen wird. Dieser einmalige Akt der am Mond vorbeifliegenden Fahrräder symbolisiert in großer Vollkommenheit Elliotts emotionale Entwicklung und Transformation zu einem selbstsicheren jungen Mann. Sein Erwachsenwerden.

Geschichten liefern den Kontext für das Erkennen und Verstehen des Beginns einer Transformation. Das Bedürfnis nach Bewusstsein, das Erblühen der Seele zur Reife. Diese Erfahrung ist am stärksten, wenn sie am Zenit eines Zeitabschnittes stattfindet, einem Scheitelpunkt, einem bestimmten Wendepunkt im Leben eines Menschen – oder aber aufgrund aktueller Ereignisse, während sich die Welt vor unseren Augen verändert. Nur, wie sollen wir *das* in einer Story rüberbringen?

»Ich stehe am Anfang einer langen Reise, deren Ausgang ungewiss ist. Hoffe ich.«

—

Red, *Die Verurteilten*

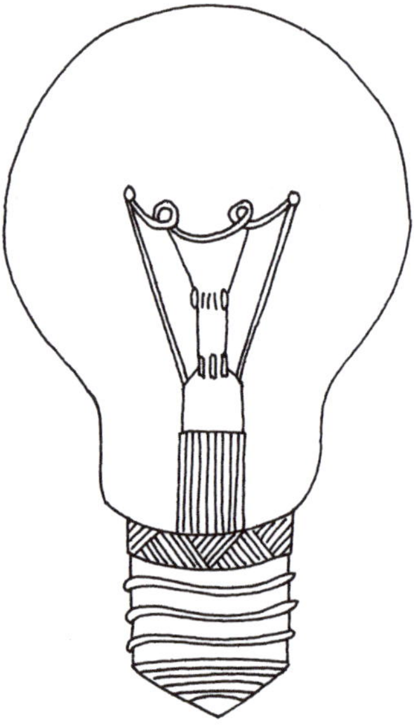

»Ich habe mal einen Mann getroffen, der mir erzählt hat, wie er und seine Familie einst ›kein Feuer hatten‹, und dass er zu Herrn Soundsos Haus gehen musste, ›um mir ein bisschen Feuer zu leihen‹. Nun, diese Worte haben mich einfach umgehauen. Sie waren elektrisch … sie enthielten etwas Elementares über das Leben.«

—

Eudora Welty, Autorin

4
Reiche den Funken weiter

In Geschichten geht es immer um Transformationen. Ob wir uns dessen bewusst sind oder nicht: Welche Geschichte wir auch erzählen, wir berichten dabei stets von einem »Schwellen«-Moment. Von einem Wendepunkt in unserem Leben, einer Kreuzung, einer Gabelung des Weges.

Diese Schwelle ist ein Weckruf oder eine Aufforderung, uns einer vor uns liegenden Herausforderung zu stellen. Im Grunde werden wir dazu aufgefordert, uns zu verändern. Den Mut zu finden, um zur besten Version unseres Selbst zu werden. Dieser Moment ist immer »elementar« – eine Art Feuer, ein Funke, der uns gen Transformation trägt.

Für so viele von uns ist unsere persönliche Geschichte mit einem ganz bestimmten Moment verbunden, der uns veranlasst hat, unser Leben vollkommen zu verändern und die Richtung, die wir eingeschlagen hatten, sei es in unserem beruflichen oder privaten Leben. Für viele wurde dieser transformative Moment zum Ausgangspunkt ihrer Lebensaufgabe.

Wie also können wir »diesen Funken weiterreichen«, wenn wir unsere Story mit anderen Menschen teilen – sei es persönlich oder zum Beispiel auf unserer Firmen-Homepage –, damit unser Publikum das empfindet, was wir in diesem prägenden Moment empfunden haben?

Hilfsorganisationen und gemeinnützige Stiftungen, die sich wohltätig engagieren, »predigen« ihre Geschichte oft mit der Absicht, dich zum Handeln zu animieren, indem du zum Beispiel Geld gibst, ehrenamtlich arbeitest oder dich ihrer Sache in umfassenderem Maße anschließt. Nur konkurrieren diese Organisationen heutzutage immer härter auf einem Markt um »Kunden«, also uns, die unter Mitgefühlsmüdigkeit leiden. Seien wir ehrlich: Es gibt sehr viele lobenswerte Hilfsorganisationen, die um unsere Aufmerksamkeit wetteifern. Ständig werden wir gebeten, einen bescheidenen Beitrag zu leisten. Und zuweilen fragen wir uns von alldem erschöpft: Wird meine Spende denn wirklich etwas ändern?

Oft werde ich von Wohltätigkeitsorganisationen gebeten, ihnen dabei zu helfen, einen neuen Weg zu finden, ihre Geschichte zu erzählen, damit sie ihre Ziele besser erreichen können. Ich sage ihnen, dass das schon der falsche Ansatz ist. Die Frage Nummer eins, die sich ihr (und dein) Publikum stellt, ist: »Warum sollte mich das interessieren?« Das zentrale Begehren eines jeden, der sich eine Geschichte anhört, ist, von ihr bewegt zu werden. Ein Publikum denkt immer nur: Bitte beweg mich, damit es mich interessiert. Ich will bewegt werden. Bitte erzähl mir eine Geschichte, die mich über mich selbst hinaushebt.

Es gibt zwei verschiedene Ansätze, wenn es darum geht, jemanden zum Handeln zu animieren. Präsentiere die harten nackten Fakten. Oder erzeuge eine emotionale Verbindung. Der eine funktioniert ganz gut, der andere so gut wie nie. Du kannst das Schuldgefühl der Menschen verstärken, was sie dir nie verzeihen werden, oder du kannst den Versuch wagen, ihre Herzen zu öffnen, wofür sie immer dankbar sein werden.

Betrachten wir diese Fakten über einen unserer kostbarsten Rohstoffe – Wasser:

- 800 Millionen Menschen auf diesem Planeten haben keinen sicheren Zugang zu sauberem Wasser.
- Jeden Tag sterben 4.100 Kinder wegen des Mangels an sicherem Wasser.
- Verseuchtes Wasser tötet mehr Menschen als alle Kriege und jede Form von Gewalt zusammen.

Im ländlichen Uganda, wie in vielen abgelegenen afrikanischen Dörfern, sind es für gewöhnlich die Frauen, die das Wasser holen, dabei mindestens fünf Kilometer laufen und in zwei Plastikcontainern bis zu 40 Liter tragen. Die Frau muss dann entscheiden, wofür sie das Wasser im Laufe des Tages benutzt: zum Kochen, zum Waschen der Kinder oder für die Wäsche. Vielleicht um den kleinen Garten zu gießen. In den meisten Fällen ist das Wasser schmutzig und somit verseucht. Wer kann diese Fakten bestreiten? Wer wird keine Empörung empfinden? Aber werden dich diese Fakten dazu bewegen, wirklich etwas dagegen zu tun?

Wenn wir eine derartige Geschichte erzählen, können wir entweder die harte, nackte Wirklichkeit darstellen – oder eine emotionale Verbindung herstellen. Dies kann auf verschiedenen Wegen gelingen. Einer von ihnen ist, die Geschichte zu einer persönlichen zu machen. Den »Funken weiterzureichen« und deinem Publikum zu erzählen, warum *du* dich so sehr für all das interessierst, warum es *dich* bewegt. Was war das spezielle Ereignis, der Katalysator, der dich aus dir herauskatapultiert hat, sodass dich all das wirklich interessierte, kümmerte und letztlich dazu bewogen hat, zu handeln? Untersuche, wie das in der folgenden Geschichte gemacht worden ist.

Jahrelang lebte Scott Harrison den ultimativen wilden, hippen Lifestyle eines Club-und Party-Promoters in der New Yorker Club- und Fashion-Szene. Mit Mitte zwanzig hatte er sein eigenes Loft in Midtown Manhattan. Sein Adressbuch war eine Sammlung der heißesten Namen und geheimsten Nummern der New Yorker Rock-, Fashion- und Club-Elite. Für seine Klienten war es nichts, wie er sagte, »365 Dollar für eine Flasche Grey Goose zu verballern, Trinkgeld nicht mitgerechnet«. Er erinnert sich: »Dein Leben war nur von Bedeutung, wenn du hinter die Samtkordel gekommen bist, und dann hast du dich weggeballert oder flachlegen lassen.« Nach eigenen Angaben war er erfolgreich, arrogant und wahnsinnig unglücklich. Und außerdem »spirituell bankrott«, da er den christlichen Glauben seiner Kindheit seit langem aufgegeben hatte.

Eines Nachts dann: der Zusammenbruch. Der ständige Druck, mit der Szene mitzuhalten, der Umgang mit all diesen verschiedenen Leuten, die alle, wie auch er, »die Kerze an beiden Enden angezündet hatten«, hatte Scott vollkommen ausgelaugt. Er beschloss, eine Auszeit zu nehmen, seinen Glauben wieder zu entdecken und was es bedeutet, zu dienen. Er dachte, warum nicht ein Jahr als ehrenamtlicher Helfer im Rahmen irgendeiner wohltätigen, weit entfernten afrikanischen Mission verbringen? Das erschien ihm wie eine ziemlich coole, alternative Art Urlaub. Er war willens, als Freiwilliger zu arbeiten und bewarb sich bei zahlreichen humanitären Organisationen, musste jedoch bald erkennen, dass ihn keine der Missionen haben wollte. Erstens hatte er keinerlei Qualifikationen. Zweitens hatten sie ihn wahrscheinlich alle sofort durchschaut. Wie auch immer, Scott blieb dran. Er begriff, dass er etwas zu bieten hatte. Schließlich, nach langer Suche, fand er einen Ort. Um genau zu sein, war es der einzige Ort, der bereit war, ihn als Freiwilligen aufzunehmen – und zwar nur, weil er ihnen erzählt hatte, dass er Fotograf sei. Und das war er auch, irgendwie. Er machte Fotos von Models, vor allem während der berüchtigten New Yorker Fashion Week, und er fotografierte schöne Gebäude in Europa. Wie auch immer, er dachte, er würde nur eine einjährige Auszeit nehmen. Er hatte keine Ahnung, was danach kommen würde, aber eines wusste er ganz sicher: dass er mit dem Nachtleben durch war.

Mit nur dieser einen Zusage machte er sich auf den Weg zum schwimmenden Krankenhaus, dem Mercy Ship, einer humanitären Organisation, die in einigen der ärmsten Regionen der Welt kostenlose medizinische Versorgung anbot. Scott hatte nie zuvor von ihnen gehört. Sie machen keine Werbung in New York City. Aber sie bieten Ärzten aus der Ersten Welt die Möglichkeit, ihren Urlaub damit zu verbringen, die »Ärmsten der Armen« zu heilen, während das Mercy Ship um Afrika herum von Hafen zu Hafen schippert. Als Scott in seine Kabine kam, in der es drei Einzelkojen gab, war er am Boden zerstört. Er kam aus einem Leben als Prinz in Manhattan, um nun wie ein Almosenempfänger zu hausen. Sein Job war ihm endlose Qual. Er war ständig sprachlos, schockiert, in Tränen aufgelöst. Er brachte es einfach nicht fertig, Fotos zu machen von den schrecklichsten Missbildungen und Tumoren, unter denen Menschen leiden können. Und dann gab es diesen ehrenamtlich arbeitenden Arzt, der seine florierende Karriere für einen zweiwöchigen Einsatz an Bord des Schiffes unterbrochen hatte und geblieben war und Scott nun beiläufig erzählte, dass ein Großteil der Krankheiten auf der Welt schlichtweg dadurch entstehe, dass die Leute verseuchtes Wasser tranken.

Scott hielt inne. Er betrachtete seine Kabine, die er mit zwei anderen teilen musste, mit einem kalten, harten Blick und begriff, dass er so viel hatte, für das er dankbar sein konnte – nicht zuletzt seine Gesundheit, die er als so selbstverständlich betrachtete. Er verließ das Schiff in Liberia und verbrachte viel Zeit in entlegenen Dörfern, und sogar in einer Lepra-Kolonie, einfach weil er, wie er sagte, »den 1,2 Milliarden Menschen, die in Armut leben, ein Gesicht geben wollte«.

Als er nach New York zurückkehrte, betrachtete Scott die 16 Dollar-Cocktails, die ihm seine Freunde über den Tresen schoben, um seine Heimkehr zu feiern. Just in diesem Moment und an diesem Ort entschied er, dass er seine Fähigkeiten als Club-Promoter – und sein beneidenswertes Adressbuch – dazu benutzen würde, um ein Event zu kreieren, wie es noch keines gegeben hatte: The Water Ball. Er machte es amüsant, elegant und echt. Er sagte den Gästen, dass 100 Prozent ihres Geldes für diese eine reine gute Sache verwendet werden würden. Mit den Einnahmen würde er eine Organisation gründen, die auf der ganzen Welt Trinkwasser-Projekte finanziert, und sogar in den unzugänglichsten Regionen bis in die tiefsten Tiefen nach Wasser bohren würde. Denn dort war das reine, pure, saubere Wasser so tief in der Erde verborgen, dass es noch nie an die Oberfläche gepumpt worden war und örtliche Bohrungen es nie erreicht hatten. Er vermarktete seine *charity: water*-Kampagne meisterhaft mit Fotos von im Wasser spielenden Kindern und glücklichen Frauen aus den Dörfern, die Wasser aus den örtlichen Quellen pumpten.

Mit der ersten von Scott finanzierten Bohrung wurden im nördlichen Uganda sechs Frischwasser-Quellen ausgehoben. Als die Leiterin des Programms, Becky Shaw, anreiste, um eine der Quellen zu inspizieren, sagte sie: »Eine Frau sprang mir entgegen und hat fünf Zentimeter vor meinem Gesicht geschrien. Ich wusste nicht, dass sie eigentlich sang. Dieses schrille

Kreischen war so laut und erfüllt von einer derartigen Energie und so viel Gefühl.«

Die Frau war Helen Apio, eine jener zahlreichen Frauen, die einst jeden Tag vor dem Morgengrauen aufgestanden waren, sich zwei 20-Liter-Kanister genommen haben und fünf Kilometer gelaufen sind, um ihrer Familie Wasser zu bringen. Oft hatte sie lange in der schier endlosen Schlange stehen müssen, und wenn sie dann endlich an der Reihe gewesen war, das Wasserloch erreicht hatte, war der Vorrat für diesen Tag erschöpft gewesen, und sie war gezwungen, kontaminiertes Wasser aus dem Tümpel nach Hause zu bringen. Auf dem Rückweg zerbrach sie sich den Kopf darüber, wie sie es benutzen würde: »Soll ich die Pflanzen im Garten gießen, damit das Gemüse wächst und wir was zu Essen haben? Soll ich es benutzen, um eine Mahlzeit zu kochen? Sollen wir es trinken? Soll ich es benutzen, um die Schuluniformen der Kinder zu waschen?« Zuweilen waren ihre Kinder von der Schule zurück nach Hause geschickt worden, weil ihre Uniformen nicht sauber gewesen waren.

Nun, neben der neuen Quelle stehend, sagte Helen zu Becky: »Ich bin jetzt so glücklich. Ich habe Zeit, um zu essen, meine Kinder können in die Schule gehen. Und ich kann sogar in meinem Garten arbeiten, duschen und dann wieder zurückkommen, für noch mehr Wasser. Ich fühle mich so sauber.«

Becky bemerkte die frischen Blumen in Helens Haar, das hübsche grüne Kleid, das sie für diesen besonderen Anlass trug. Sie berührte ihren Arm und sagte: »Du siehst großartig aus.«

»Ja«, sagte Helen. Sie hielt kurz inne und sagte: »Jetzt fühle ich mich schön.«

In weniger als sieben Jahren werden die Trinkwasser-Projekte von *charity: water* mehr als 3,2 Millionen

Menschen helfen, die nun ihr Leben leben können. Seit der Gründung seiner Organisation im Jahr 2006 hat Scott Harrison mehr als 96 Millionen Dollar für diverse Wasserprojekte aufgetrieben. Er hat mehr als 8.157 Trinkwasser-Projekte finanziert in 20 Ländern und einigen der abgelegensten Regionen der Welt, in denen die Bohrungen nach Wasser beinahe unmöglich sind. All das, was Scott nicht weiß über Bohrungen oder Geographie, ist vollkommen nebensächlich. Die Website von charity: water – www.charitywater.org – wirkt hip, positiv, heiter. Man fühlt sich angezogen von Scotts Überschwang und Qualitätsmanagement. Seinem Auge für's Detail. Er kümmert sich um »die kleinen Dinge«, genau wie der Impresario eines erfolgreichen Nachtclubs. Er hat seine Marke aufgebaut indem er eine Atmosphäre erschaffen hat aus Glaubwürdigkeit, Kompetenz und Sympathie. Und dies ist ihm auch gelungen, indem er seine eigene Geschichte geteilt hat. Offenherzig. Den Moment, der ihn zu seiner persönlichen Transformation geführt hat.

Wenn Scott die Geschichte hinter charity: water erzählt, berichtet er auch von der Erfahrung, die ihn gefesselt hat und von seiner Transformation. Er gibt all das ganz einfach an sein Publikum weiter – pure Emotionen und so weiter –, und sein Publikum ist bewegt, berührt und interessiert, will helfen und seine Sache unterstützen. Die Menschen sind so sehr bewegt, dass sie handeln wollen.

Auf einer anderen Ebene enthüllt seine persönliche Geschichte aber auch eine sehr viel verletzlichere Seite dieses einst so zügellosen Nachtclub-Entrepreneurs. Davon werden wir im nächsten Kapitel mehr erfahren.

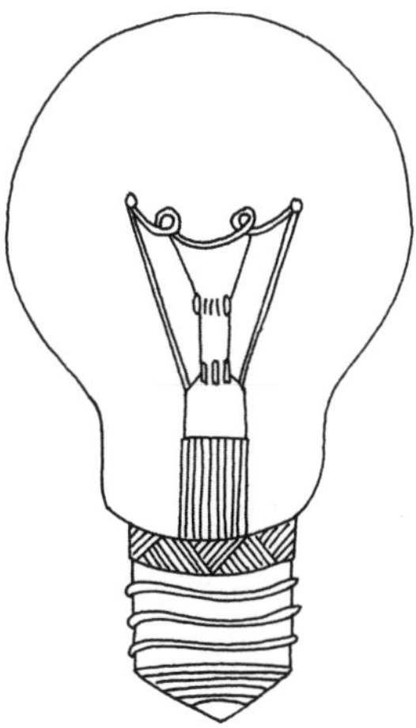

»Stell einfach nur die Verbindung her.«

E.M. Forster

5
Trau dich, verletzlich zu sein

Zuerst: Hier geht's nicht um Psychotherapie. Die Hindus glauben, dass wir aus Schichten einander überlagernder Samskaras bestehen – wie vakuumverpackt unter mehreren Lagen Frischhaltefolie oder umgeben von Zwiebelhäuten aus emotionalen Schmerzen oder schlechtem Karma. Um unser volles Bewusstsein zu erlangen und zu ausgereiften Menschen zu werden, müssen wir durch diese Schichten brechen. Indem wir unsere Geschichte erzählen, können wir der Sache näher kommen – jedoch nur, wenn wir bereit sind, verletzlich zu sein. Indem wir uns schutzlos machen.

Im April 2012 befand ich mich in Wales bei den *Do Lectures* und hörte einer Story zu, die ich für eine dieser Lokalgeschichten hielt, die vor allem für jene im Raum relevant war, die in der Gegend lebten und von den Informationen profitierten.

Shan Williams, eine blonde Ehefrau und Mutter mittleren Alters stand auf, um zu sprechen. Zuerst erklärte sie, dass es ihr Angst mache, vor Publikum zu reden. Dann stellte sie sich vor – »zu meiner Schande bin ich eine Gemeinderätin« – und sagte, dass sie uns die Geschichte von ihrem Versuch erzählen würde, die sterbende Stadt Cardigan in Wales zu retten. Cardigan war mit ihren 4.000 Einwohnern einst eine lebendige

Stadt, in der Mauerziegel hergestellt wurden und zudem die ersten Arbeitsbekleidungen für Minenarbeiter in Massenproduktion. Heute ist nichts mehr davon übrig. Stattdessen können es die jungen Leute kaum erwarten, die Stadt zu verlassen und ihr Glück woanders zu suchen. Der Damm des Mwldan-Flusses ist außer Betrieb und wird nicht mehr für die Stromerzeugung genutzt.

Die Backsteinwerke sind geschlossen. Lagerhallengroße Ramschläden stehen in der Landschaft herum neben den Filialen großer Supermarktketten, die jede Woche Millioneneinnahmen aus der Stadt abziehen.

Ich muss gestehen, dass ich anfangs lediglich aus Höflichkeit zugehört habe ... oder eher aus Müdigkeit. Ich hielt dies für eine dieser typischen Geschichten über die sich weltweit im Niedergang befindenden Demokratien: den Rust Belt in Detroit, die abgewrackte Textilindustrie Neuenglands, sogar die Kleinstadt meiner Großmutter im Süden von Kentucky. Als Kind konnte ich noch allein ins Stadtzentrum und einen der Läden gehen und »Hallo« sagen, und jeder dort kannte mich beim Namen. Heutzutage haben die großen Supermarktketten Tausende dieser Städte vernichtet, indem sie an den Highways ihre riesigen Superstores errichtet haben. Das Zentrum der Stadt meiner Großmutter ist zu einer Art Todeszone geworden. Es gibt keinen Ort mehr, an dem sich die Teenager treffen. Die einst so boomenden Fabriken wurden nach China verlegt. Und nun verkaufen die Superstores ihre in China hergestellten Waren an die lokale Bevölkerung, die unter der grassierenden Arbeitslosigkeit leidet und von Sozialhilfe lebt. Diese Marktkräfte, dachte ich während der Do Lecture-Rede der Dame, sind so viel größer als wir. Wie kann ein Mensch da jemals etwas ändern?

Shan führte ihre Geschichte fort. Im Stadtzentrum von Cardigan war ein riesiges Grundstück einer weiteren Supermarktkette zum Kauf angeboten worden. Doch es ging eine Petition herum, und Tausende Anwohner hatten sie unterschrieben. Sie waren sich einig, dass ihre Stadt keinen weiteren Supermarkt brauchte. Shan beschloss, eine Bewegung zu gründen, die sie 4CG nannte, was für das walisische ›Cymedeithas Cynal a Chefnogi Cefn Gwald‹ stand und auf Deutsch so viel bedeutet wie ›Gesellschaft zum Schutz der schutzlosen ländlichen Landschaft‹. Mit Hilfe dieser Bewegung wollte sie das Land kaufen, damit dort etwas gebaut werden würde, was die Bevölkerung wirklich brauchte. Mehr als 650 Leute unterstützten sie. Aktien wurden erworben, eine Bewegung entstand, aber sie benötigten eine Hypothek, um das Land erwerben zu können, und es gab eine Frist: den 31. Dezember. Die Banken zögerten die Zusage immer weiter hinaus. Es schien, als würde die 4CG-Bewegung das Projekt verlieren. Am 23. Dezember, nachdem Shan den Manager der Bank unzählige Male vergebens angerufen hatte, schrieb sie ihm eine weitere E-Mail, auf die sie jedoch nur eine Abwesenheitsnotiz erhielt, in der stand, dass sich der Mann bis zum 7. Januar im Urlaub befand.

Vor unser aller Augen, einem Publikum aus 100 Menschen, begannen Shans Lippen plötzlich zu beben. Von ihren Gefühlen beinahe übermannt, erinnerte sie sich mit halberstickter Stimme an den Schmerz, den sie damals empfunden hatte. »Ich würde nun all diesen Aktionären gegenübertreten müssen und ihnen sagen, dass es vorbei war.«

Shans Verletzlichkeit und schiere Tapferkeit, sich dieser Erinnerung zu stellen, weckten mich auf. Am letzten Tag vor dem Beginn der Weihnachtsferien ging Shan zum Büro des Grundbuchamts um herauszufinden, wer der Besitzer des Landes war. Es war die Allied Irish Bank. Am südlichen Ende der UK beginnend, versuchte sie jeden einzelnen Manager der

Allied Irish Bank anzurufen, um ihn um Hilfe zu bitten. Nicht ein Manager nahm ihren Anruf entgegen. Bis sie nach Liverpool kam. Shan kämpfte mit den Tränen, während sie uns von jedem der darauffolgenden Momente berichtete, die ihr nun wieder so lebhaft vor Augen standen. Eine freundliche Stimme kam aus dem Hörer: »Hallo Shan, mein Name ist Mark Dolan. Ich weiß über 4CG Bescheid. Wie kann ich Ihnen helfen?« Shan sagte leise: »An diesem Tag haben wir den Kredit bekommen.«

Nun hat Cardigan einen Parkplatz auf dem Land, das 4CG gekauft hat. Vorher hat Parken ein Pfund gekostet, der neue Parkplatz verlangt jedoch nur einen Bruchteil dessen, weswegen mehr Menschen in die Stadt kommen und lokal einkaufen. Mit den 1.000 Pfund Profit, die der Parkplatz pro Woche macht, hat 4CG eine Kita gebaut, ein Museum, einen Öko-Laden und einen Markt für regional und biologisch hergestelltes Obst und Gemüse ins Leben gerufen. Vor kurzem haben Chan und 4CG zudem eine »Online-Shopping-Plattform für lokale Produkte« geschaffen, um gegen die großen Supermarktketten zu konkurrieren. Shan sagt: »Wenn du sie nicht schlagen kannst, verbünde dich mit ihnen.« Ihr nächstes Projekt ist die Erforschung der Möglichkeiten zur Stromerzeugung durch Mikro-Wasserkraft-Systeme im Mwldan.

Dann brach Shans ganzer Elan durch: »Warum sollen jede Woche vier Millionen Pfund aus dieser Stadt fließen, um Nahrungsmittel zu kaufen, die aus anderen Städten oder Ländern kommen? Warum sollen wir für 11.000 Pfund die Woche Wasser kaufen? Einst haben sich die Menschen in dieser Gegend selbst ernährt mit gutem, regionalem Essen. Einst haben wir unser eigenes sauberes Wasser getrunken. Wir haben in unseren eigenen Meilern Mauerziegel hergestellt, die in die ganze Welt exportiert wurden. Der ganze Hafen von Dublin wurde aus unseren Ziegelsteinen gebaut. Warum sollten unsere Jobs unsere Stadt verlassen?«

Sie wollte gerade fortfahren, als sich auf seltsame Art ein entschlossener Zug um ihren Mund legte, sie für einen Moment innehielt und schließlich sagte: »Das war's. Genug für heute.« Ich wollte mehr und blieb hungrig zurück. Von den zwei Dutzend Vorträgen, die ich an diesem Wochenende gehört habe, ist ihre Geschichte die einzige, über die ich immer wieder sinniere. Was, wenn es eine Shan Williams in der kleinen Stadt meiner Großmutter gegeben hätte? Jemanden wie Atticus Finch in *Wer die Nachtigall stört* oder George Bailey aka Jimmy Stewart in *Ist das Leben nicht schön?* Was, wenn jemand die Initiative ergriffen hätte?

Das ist der Stoff für eine große Geschichte: ein Mensch allein gegen das System. Mut, der unter extremen Widerständen und größtem Druck zum Vorschein kommt. Entschlossenheit, die sich schließlich durchsetzt. Und während eine eher gewöhnliche Sache gewonnen wird – ein Stück Land für einen Parkplatz –, formt sich der außergewöhnliche Charakter. Shan bleibt bescheiden und verletzlich – und wird doch gleichzeitig zur Bannerträgerin für die Kämpfernatur in jedem von uns.

Shans Entschlossenheit erinnerte mich an etwas, was Muhammad Ali einst gesagt hat: »Champions müssen das Last-Minute-Durchhaltevermögen haben. Sie müssen das Können und den Willen haben. Aber der Wille muss stärker sein als das Können.«

Lass uns einen Blick auf die klassische Eleganz dieser Geschichte werfen und auf das, was Shan einfach perfekt macht. Ihre Story hallt nach. Du denkst noch lange danach über sie nach, denn sie war echt, wahrhaftig und bestand im Kern aus Shans Verletzlichkeit. Ihre Angst vor dem Scheitern, all diese wohlmeinenden

Menschen zu enttäuschen, die sie unterstützt hatten. An unsere 10 Grundsätze des Storytellings (S. 26/27) zurückdenkend, hat Shan sich getraut, ihr Grundgefühl zu teilen. Sie hielt die Story interessant, baute sie zu ihrem natürlichen Endpunkt auf – der Sicherung des Grundstückes. Und das war ihre persönliche Geschichte. Das, was sie durchleben musste, um zu diesem Endpunkt zu kommen. Sie erzählte die Geschichte, als würde sie sie einem Freund erzählen, und indem sie das tat, erzeugte sie eine emotionale Verbindung mit dem anwesenden Publikum.

Sieh, wie sie die Story strukturiert hat. Sie hat das GPS eingestellt, den Ort (eine kleine Stadt in Wales) und den Kontext. Sie hat das ›Problem‹ mit Fakten und Aktionen erläutert: der Petition, um den Bau eines weiteren Superstores zu verhindern; ihrem verzweifelten Versuch, die Bank zum Handeln zu bewegen.

Es baute sich auf zum Höhepunkt der Story. Und dann, als es quasi kurz vor zwölf war und das Ende nahe, füllten sich ihre Augen mit Tränen, ihre Stimme bebte. Sie musste sich zusammenreißen, um nicht zusammenzubrechen. Ihre Leidenschaft und Verletzlichkeit – wie viel es ihr bedeutete, ihre Stadt nicht zu enttäuschen –, all das drang zu uns hindurch wie das Läuten einer Glocke. Wir waren von ihrer Geschichte in den Bann gezogen, von ihrer Hartnäckigkeit, ihrer emotionalen Intensität. Wir konnten nicht anders, als ihr unsere volle Aufmerksamkeit zu schenken.

Als Shan erkannt hatte, dass die Sache so gut wie verloren war, warf sie sich voll hinein und ließ nicht locker. Sie rief jede Zweigstelle der Bank an. (Und das am 23. Dezember, also fast schon Heiligabend! Stell dir vor, sie hätte Ebenezer Scrooge angerufen, und was seine Reaktion gewesen wäre.) Shans Mission erforderte unermüdliche Courage und unerschütterlichen Glauben. Alle großen Geschichten haben diesen

Moment der bewussten Erwägung und Entscheidung. An diesem Punkt hatte sich die Art, wie sie ihre Geschichte erzählte – ihr Storytelling – verlangsamt. Sie war wütend gewesen, frustriert, und jeder ihrer Schritte hatte ins Nichts geführt.

Dann berichtete sie von »einer freundlichen Stimme«, die aus dem Hörer kam. Bemerke hier das entgegengesetzte Gefühl in ihrer Erinnerung: Freundlichkeit. Eine gewisse Entspannung wurde in Shans Gebaren sichtbar. Ein erleichterter Seufzer, eine Art Loslassen. Sie brauchte diesen Kredit, und nun war er plötzlich greifbar. Ein Kredit ist eine ganz gewöhnliche Angelegenheit in unserer modernen Welt, aber hier wurde er zu etwas Außergewöhnlichem.

Die Pointe, der *Payoff*, war Shans wiederhergestellter Elan, inklusive ihrer Wut und Entschlossenheit. Und dann verließ sie die Bühne, obwohl sie uns offensichtlich noch mehr mitzuteilen hatte. Sie ließ uns wissbegierig zurück. Und sie hob uns mit ihrem Abschied über uns selbst hinaus.

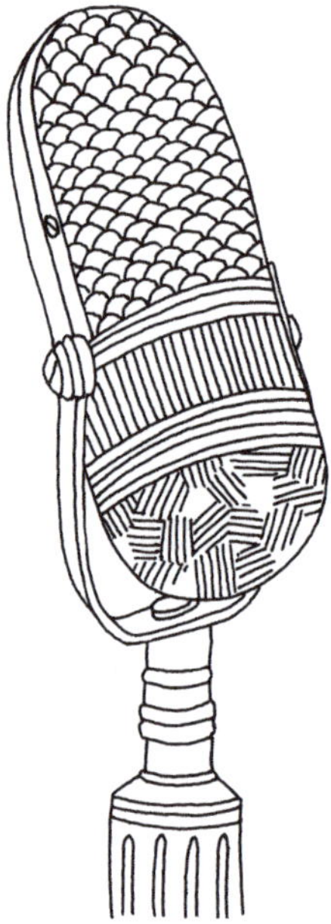

»Vergessen Sie das Mikrofon.
Sprechen Sie einfach zu mir. Als Freund.«

—

Lionel Logue zu King George VI.,
The King's Speech – Die Rede des Königs

6
Die Story hinter der Story

Von den Geschichten, die wir lieben, kriegen wir nie genug. Man bedenke nur die Film-Adaptionen von Bestseller-Reihen wie *Harry Potter* oder *Die Tribute von Panem*: Obwohl das Publikum diese Geschichten bereits kennt – und noch dazu weiß, wie sie enden –, verlangt es nach der Intensität des Kino-Erlebnisses, nach Bildern und Klängen. Es liegt etwas außerordentlich Angenehmes darin, mit seinen Liebsten vertraute Geschichten zu erleben, während man vor der großen Leinwand versammelt ist, als säße man um ein flackerndes Lagerfeuer. Aber wie macht man eine Geschichte frisch und interessant?

Was das Storytelling im Kino angeht, haben bittere Erfahrungen an den Kinokassen bewiesen, dass man für die Filmversion der bereits »bekannten« Geschichte einen neuen Ansatz finden muss, um das Publikum anzulocken, selbst für Hardcore-Fans. Dieser neue Ansatz muss eine gewisse Verwegenheit mit sich bringen. Eine frische Perspektive, die es wagt, die Hauptfigur an irgendeinem Punkt ihrer Lebensreise in einem verletzlichen, wenn nicht sogar beschämenden Licht zu zeigen. Sehr oft ist das die echte Story, oder »die Story hinter der Story«. Das verborgene Narrativ, das alles zusammenhält. In vielen Fällen wird dadurch sogar ein noch größeres Publikum dazu gebracht, sich mit einer Figur zu identifizieren – selbst wenn es sich dabei um eine Figur handelt, die uns im Großen und Ganzen bereits bekannt ist.

The Social Network (2010) zum Beispiel, geschrieben von Aaron Sorkin, ist die Geschichte von Mark Zuckerberg, dem Harvard-Studenten, der 2003 Facebook gegründet hat, nur sieben Jahre vor dem Erscheinen des Films. Dieser mit zahlreichen Preisen ausgezeichnete Film hat sich eines weltberühmten Phänomens angenommen und uns die Story hinter der Story erzählt. Die wichtigste Frage, die Sorkin klären musste, war die: Selbst wenn wir Facebook lieben, warum sollten wir uns für seinen Erfinder interessieren? Um den Film zu einem Erfolg zu machen, musste Sorkin eine Schwachstelle in seiner Hauptfigur finden, eine Verletzlichkeit, die uns dazu bringen würde, uns von der Geschichte fesseln zu lassen. Es musste sich dabei zudem um eine universelle Wahrheit handeln – eine, die einen Bezug zu unserem eigenen Leben hatte, die wir nachempfinden konnten.

In diesem Fall handelt *The Social Network* im wesentlichen vom »einsamsten Menschen der Welt«. Einem Milliardär Mitte zwanzig mit 500 Millionen ›Freunden‹, der jeden betrügt, dem er jemals etwas bedeutet hat, und der am Ende nicht mal seine Ex-Freundin dazu bekommt, seine Freundschaftsanfrage anzunehmen. *The Social Network* ist die Nacherzählung der universellen Geschichte von der »einen großen Idee«: Was bringt es, die Welt zu gewinnen, wenn du dabei deine Seele verlierst?

So verhält es sich auch mit der jüngsten Nacherzählung der Geschichte des britischen Königs George VI. Während des Zweiten Weltkrieges war David Seidler (Drehbuchautor von *The King's Speech – Die Rede des Königs*) ein kleiner Junge, der unter einem schrecklichen Stottern litt. Um der Bombardierung Londons durch die Deutschen zu entgehen, war David nach New York gebracht worden, wo er jede Rede des Königs im Radio hörte und intuitiv begriff, was George VI. hatte durchmachen müssen, um einfach nur in der Lage zu sein, seinem Volk in dieser schwierigen Zeit Mut machen zu können. König George VI. wurde sein Held. David, die Geschichte immer in seinem Herzen tragend, wurde schließlich Drehbuchautor und schrieb eines Tages der Gemahlin des Königs einen Brief, in dem er sie um die Erlaubnis bat, die Geschichte ihres verstorbenen Ehemannes erzählen zu dürfen. Sogleich traf ein Brief vom Buckingham Palace ein mit einem beeindruckenden Siegel auf dem Umschlag. Der Privatsekretär der Königin schrieb zurück, um mitzuteilen, dass sie ihre Erlaubnis nicht erteilen würde. Doch am unteren Rand des in Maschinenschrift verfassten Schriftstücks hatte die Königin geschrieben, in ihrer eigenen Handschrift: »Bitte nicht zu meinen Lebzeiten.« Es war zu schmerzhaft. Als gehorsamer Untertan der britischen Krone legte David das Projekt beiseite. Er rechnete nicht damit, dass sie 101 Jahre alt werden würde.

Jahre später, nachdem die Königin verstorben war, nahm sich David der Idee wieder an. Er hatte mittlerweile mehr als 30 Jahre Erfahrung als Drehbuchautor gesammelt und nun, endlich, begann er sein Projekt, die wahre Geschichte von George VI. zu erzählen: einem stotternden König im Zeitalter des Radios. Dieses Stottern war umso peinlicher, weil der damalige Herzog von York (der 1936 König George VI. werden würde) in einer Zeit, als das Radio allgegenwärtig geworden war, keine andere Wahl hatte, als »live« zum gesamten Britischen Weltreich zu sprechen. Wäre der Herzog von York nur eine Generation früher geboren, hätte er einfach auf einem Pferd sitzend der Menge zuwinken können. Und eine Generation später hätte man seine Reden editieren, das Stottern herausschneiden können.

Die simple Nacherzählung der verschiedenen Stationen von Georges Leben wäre, nun ja, langweilig. Und wäre die Story nicht mehr als das gewesen, würde Seidlers Drehbuch immer noch in seiner Schreibtischschublade liegen. Doch selbst

als Seidler seine Idee mit seinem neuen und verwegenen Ansatz vorstellte, erkannte niemand das Potenzial von *The King's Speech*. Keines der Hollywood-Studio wollte den Film finanzieren, weil sie alle die Story zu klein fanden. Sie glaubten, dass sich lediglich ein Nischenpublikum aus älteren, sich noch an die Ära erinnernden Briten dafür interessieren würde.

Was David finden musste, war die Story hinter der Story, ihre übergeordnete große Idee oder ihr eigentliches Thema. Warum sollte sich irgendwer für einen reichen Mann interessieren, einen Adligen, der ein außergewöhnlich privilegiertes Leben geführt hatte? Kurz gesagt: Um das Leben dieses außergewöhnlichen Mannes würdigen zu können, mussten wir ihn als einen gewöhnlichen Mann kennenlernen, der universelle, allgemeingültige Ängste hat.

Wir wissen von Anfang an, was »Bertie«, wie der König genannt wurde, will. Er will in der Lage sein, fließend und eloquent zu reden, wenn er eine öffentliche Ansprache gibt. Aber wie sich herausstellt, muss er seiner größten Angst begegnen: seiner Angst davor, König zu werden. Wird er haben, was es braucht, um ein König zu sein? Wie wird er die physische Manifestation seiner Angst durchbrechen? In der Geschichte, die David Seidler erzählt, geschieht das durch die ungewöhnliche Freundschaft mit einem Bürgerlichen – einem Australier –, dem vermutlich einzigen Menschen im Empire, der davon überzeugt war, dass Bertie einen »verdammt guten König« abgeben würde, und der ihm das Selbstvertrauen gibt, das ihm hilft, sein Stottern zu überwinden.

Als König wird er gleichzeitig seinem Volk dienen und in der Öffentlichkeit sprechen müssen – und während des Zweiten Weltkrieges Live-Ansprachen im Radio geben. David Seidlers brillantes Storytelling schenkt uns nicht nur eine, sondern gleich zwei Stories: die eines außergewöhnlichen Mannes, Bertie (bald König George VI.), der vor unseren Augen zu einem gewöhnlichen Mann wird, und die eines gewöhnlichen Mannes, Lionel Logue, der durch seine Freundschaft und seinen Glauben an George VI. außergewöhnlich wird. Es sind Lionel Logue und diese große, bisher kaum besungene Freundschaft, die – in diesem Fall –, die Story hinter der Story erzeugen.

Die wahre Geschichte in alldem ist die, dass Bertie nie einen Bürgerlichen gekannt hat. Er hatte, bis auf seine geliebte Frau, nicht mal einen Freund. Indem er sich seiner Angst vor dem Reden in der Öffentlichkeit stellt, findet er den ersten wahren Freund seines Lebens. Und nur weil er diesen einfachen Mann kennenlernt, Lionel, ist er in der Lage, seinem Volk zu dienen und es durch diesen schrecklichen Krieg zu führen. Durch ihre Freundschaft öffnet sich seine Menschlichkeit und führt letztlich dazu, dass er als geliebter König verehrt wird. In der Tat: Weil die Briten ihn als peinlichen öffentlichen Redner gekannt und dann miterlebt hatten, wie er voller Entschlossenheit seine Beeinträchtigung überwand, waren sie inspiriert und berührt von seiner Tapferkeit, die umso stärker wirkte, als er in jener Nacht des 3. September 1939 über die BBC zum gesamten Britischen Weltreich sprach, als Großbritannien Deutschland den Krieg erklärte. Auf diese Weise wurde er für die Briten zu einem starken Symbol der Entschlossenheit.

Diese kleine Story, die kein Hollywood-Studio hatte finanzieren wollen, weil sie eigentlich nur daraus bestand, dass »zwei Männer in einem Zimmer redeten; und einer von ihnen stotterte«, wurde mit 15 Millionen Dollar gemacht, die aufzutreiben die Produzenten mehrere Jahre gebraucht hatten. Binnen drei Monaten nach seiner Veröffentlichung hatte der Film mehr als 415 Millionen Dollar eingespielt, den Oscar für den besten Film gewonnen, die beste Regie, das beste Originaldrehbuch und den besten Hauptdarsteller, und sieben British Academy Film Awards.

Dieser Film wäre nie entstanden, hätte David Seidler nicht diese persönliche Verbindung gehabt zu dem König, der unter demselben Leiden litt.

Die Story hinter der Story ist immer persönlich. Man denke nur an George Lucas und seine Liebe für Hot Rods, seine totale Begeisterung für die Autokultur der Teenager im Kalifornien der späten fünfziger und frühen sechziger Jahre. Am 12. Juni 1962 musste George aus seinem frisierten Autobianchi Bianchina gezogen werden, nachdem ihm ein anderer Fahrer in die Seite gekracht war und sich sein Auto um einen Baum gewickelt hatte. Sein Überleben glich einem Wunder, und nach dieser Nahtoderfahrung schwor sich George, seine Träume zu verwirklichen. Er kanalisierte seine Leidenschaft für Hot Rods, Fahrzeuge und Maschinen jeder Art in seinen Film *American Graffiti* und später dann in sein intergalaktisches episches Meisterwerk, die *Star Wars*-Saga.

Man könnte darüber streiten, ob Barack Obama je zum Präsidenten gewählt geworden wäre, hätte er nicht seine Memoiren geschrieben, *Ein amerikanischer Traum. Die Geschichte meiner Familie*, in denen er wagte davon zu berichten, wie es war, als gemischtrassiges Kind in den USA aufzuwachsen – während das Land immer noch mit seinem rassistischen Erbe haderte. Seine Wahl war eine totale Zeitenwende in den Vereinigten Staaten, zu der es ohne das Vertrauen der Amerikaner in Obamas persönliche Geschichte jedoch nie gekommen wäre. Er gab ihnen seine Vorgeschichte, bevor er berühmt wurde – und bevor irgendwelche Journalisten oder Boulevardblätter versuchen konnten, ihre Versionen seiner Geschichte zu kreieren. Das war sehr klug von ihm und ein großartiges Beispiel für das, was wir alle heutzutage tun müssen, wenn wir erfolgreich sein wollen.

Wenn du dir also zum Beispiel diesen einen bestimmten Job angeln willst, sagt der globale Headhunter Bill Simon, dass es die während des Vorstellungsgespräches erzeugte »emotionale Resonanz« ist, an die sich die Interviewer erinnern werden. »Wenn du eine bewusst gewählte Story erzählst, die deine Haltung und Leidenschaft verdeutlicht, werden die Daten, Zahlen und Informationen aus deinem Lebenslauf plötzlich anschaulich und lebendig. Die Story, die du erzählst, wird die Herzen deiner Zuhörer erreichen und ihnen noch lange, nachdem du gegangen bist, präsent sein.«

Die Auseinandersetzung mit der Wahrheit unserer eigenen Geschichte kann für jeden von uns beängstigend sein. Unser erster Impuls ist, von ihr abzulenken, indem wir sagen, dass sie viel zu gewöhnlich ist und niemanden interessieren wird. Warum sollte ihr irgendwer (außer deiner Mutter) Beachtung schenken wollen? Doch in der Auseinandersetzung mit deiner eigenen Geschichte liegt in Wirklichkeit deine Kraft. Wir alle sind einzigartig. Wir alle mussten uns schwierigen Situationen stellen, haben Erfolge erfahren, Niederlagen und Enttäuschungen. Aber es ist die Art und Weise, auf die wir mit einer Widrigkeit konfrontiert unsere Entscheidung getroffen haben – wie wir an unseren eigenen »Schwellen« angelangt Mut sammelten –, die jeden Einzelnen von uns einzigartig und außergewöhnlich macht. Das ist die Geschichte, die andere Menschen hören wollen. Das ist der Grund, warum du deine Geschichte erzählen musst. Und warum du sie gut erzählen musst.

Und nun, da du so kurz davorstehst, ein erfahrener Storyteller zu sein, kannst du es wahrscheinlich beinahe *spüren*. Also lass uns als Nächstes herausfinden, warum und wie wir mit Hilfe unseres Sinnes-Gedächtnisses eine Geschichte enorm aufwerten können.

»Spürt die Macht, die euch umgibt.
Eure Sinne nutzen ihr müsst.«

Yoda

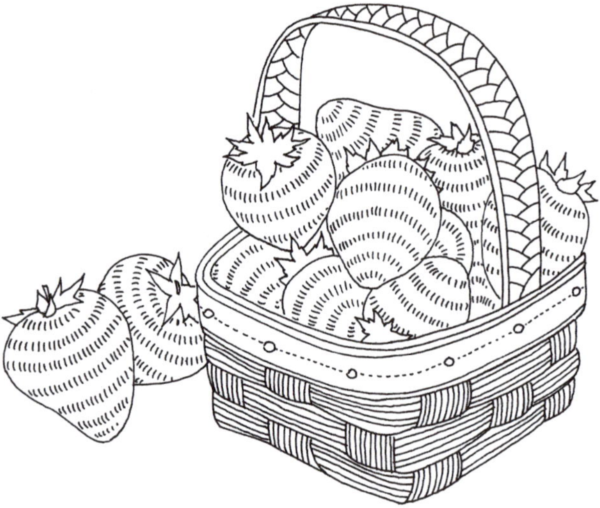

»Der Akt, einfach einen der Sinne hervorzuheben – ob es nun das Sehen ist, das Tasten, Hören, Riechen oder Schmecken … Einen von ihnen zu isolieren und wirken zu lassen, erzeugt immer eine emotionale Verbindung.«

—

David Lynch

7
Erwecke die Sinne

Sehr oft kann das Wachrufen einer Erinnerung an eine Sinneswahrnehmung eine starke und bleibende Bindung mit dem Hörer, Leser oder Zuschauer erzeugen. Eine sensorisch, also auf die Wahrnehmung von Reizen hin erzählte Geschichte wird deinem Publikum dabei helfen, sie zu »spüren«, und – so der jeweilige sinnliche Reiz besonders starke Eindrücke hervorruft – sie noch lange nachhallen lassen. Während eines besonderen Ereignisses oder Erlebnisses wird stets einer unserer fünf Sinne dominierend sein. Die nächste Geschichte bezieht sich auf einen Sinn im Speziellen: das Schmecken. Indem sie ihn erweckt und in ihrer Erzählung benutzt hat, gelang es einer Frau die Art und Weise zu ändern, wie Millionen von uns unsere Nahrung kauften und konsumierten.

Alice Waters ist eine amerikanische Chefköchin und Bio-Lebensmittel-Aktivistin. Sie ist die Besitzerin des international gefeierten Restaurants Chez Panisse in Berkeley, Kalifornien, das berühmt ist für seine mit Eichenholz angefeuerten Pizza-Öfen und als Ursprungsort der California Cuisine gilt, einer Kochrichtung, die Wert auf die Verwendung ökologisch angebauter saisonaler Zutaten aus der Region legt. Sie ist zudem Mitgründerin des Slow Food- und Farmer's

Market-Movements und des Edible Schoolyard Project. Alice gilt sogar als Inspirationsquelle für den Salat, wie wir ihn heute in Amerika kennen. Sogar die vorgewaschene Salatmischung, die es mittlerweile in jedem Supermarkt zu kaufen gibt, lässt sich auf sie zurückführen. Das weiß ich, weil ich immer, wenn ich Salat kaufen gehe, in dankbarer Bewunderung an Alice denke. Wenn während meiner Kindheit im Süden der Vereinigten Staaten das Essen mit einem Salat kam, dann war damit stets ein Klumpen grüner Wackelpudding gemeint, der auf einem leblosen Blatt Eisbergsalat vor sich hin bebte. Auf dem Pudding befand sich ein Klecks Mayonnaise, in dessen Mitte eine knallrote Cocktailkirsche thronte. Gesund? Eher nicht. Alice Waters führte eine Revolution an, die vollkommen veränderte, wie und wo wir unser Essen kaufen – unseren Konsum und unsere Küche. Sie tat dies nicht aus einer Art missionarischem Eifer. Sie tat es, weil sie einfach nur nach »Geschmack« suchte. Sie wollte die wahre Freude am Essen zurückbringen, und somit ein Wohlbefinden schaffen. Wie also hat sie das Sinnes-Gedächtnis benutzt, um diesen Wandel zu erzeugen?

Beginnen wir am Anfang: Als am 2. Dezember 1964 der politische Aktivist Mario Savio die Studenten in seiner berühmten Rede dazu aufforderte, ihre Körper »in das Getriebe der Maschine« zu werfen, war Alice Studentin an der University of California, Berkeley. Diese leidenschaftliche Rede bezeugte das Free Speech Movement, das wiederum zahlreiche Bewegungen der Gegenkultur in Gang setzte, unter anderem massive (und größtenteils gewaltfreie) Proteste gegen den Vietnamkrieg. Mit einem Mal schien alles infrage gestellt, war alles in Bewegung, vor allem in Berkeley.

Inmitten von alledem nahm sich Alice, Studentin der französischen Literatur, ein Semester frei, um in Frankreich zu studieren. Was Alice in Paris entdeckte, waren Märkte mitten in der Stadt voller regional angebauter, frischer Erzeugnisse. Dies war, und ist, dort Normalität. Alice kehrte mit einer neuentdeckten Liebe für Lebensmittel nach Kalifornien zurück, für Nahrung, die mit frischen, unbehandelten, regionalen Erzeugnissen zubereitet wurde. Sie hatte zudem kochen gelernt und tat nun nichts lieber, als für ihre Freunde zu kochen in diesen aufregenden, debattenreichen Zeiten in Berkeley. Sie wollte ein Restaurant erschaffen, das sich wie ein Zuhause anfühlte, und eröffnete 1971 das Chez Panisse – der Name eine Hommage an den französischen Schriftsteller und Filmregisseur Marcel Pagnol.

Aber wohin sollte sie hier in den USA gehen, um dieselben frischen Zutaten zu finden wie in Paris? Das ist der Punkt, an dem ich mir immer nicht sicher bin, ob ich diesen Teil der Geschichte Amerikas nun ironisch oder tragisch finden soll. Wie jedes Kind in der Grundschule lernt, ist die große amerikanische Tomate eigentlich eine Frucht. Tomaten waren ein in jedem Hinterhof angebautes Hauptnahrungsmittel. Im August quollen die Küchen über voller reifer, reichhaltiger saftiger tiefroter Tomaten.

Doch dann, beginnend in den sechziger Jahren, als die großen Supermärkte anfingen, die lokalen Lebensmittelgeschäfte zu verdrängen, tauchten sie plötzlich erstmals auf, allgegenwärtig und in riesigen Mengen: die gigantischen geschmacklosen Tomaten der Megafarmen; derselben Farmen, die so viele lokale Farmer vom Markt gedrängt hatten. Bald darauf schien der Hinterhofgarten eine Sache der Vergangenheit zu sein. Supermarkt-Tomaten waren nun supergroß, aber sie waren behandelt worden, damit sie lange Transporte überstehen konnten. Noch heute kann ich keine Tomate aus dem Supermarkt essen. Wenn man durch ihre gummiartige orangerote Schale schneidet, ist die Frucht im Inneren weiß. Sie schmecken fad, als würde man Styropor essen.

Eines Tages fand ich das Highschool-Jahrbuch meiner Mutter aus den vierziger Jahren. Alle Mädchen wirkten schlank und gebräunt. Ich verglich es mit meinem eigenen Jahrbuch aus den frühen Siebzigern, in dem alle meine Freundinnen, nun ja, übergewichtig aussahen. Später an jenem Tag musste ich auf meine wöchentliche Einkaufstour. Ich ging durch die hellerleuchteten klimatisierten, mit Kaufhausmusik berieselten Regalreihen voller Lebensmittel unseres Supermarktes. Es schien, als würde man meilenweit nichts anderes sehen als zerbeulte Äpfel, schlaffe Salate, Weißbrot, gefrorene Fertignahrung und Kekse mit niedlichen Namen wie ›Debbie‹ und ›Little Susies‹. Da waren ins Endlose aufragende Wände voller überzuckerter Frühstücksflocken. Ich parkte meinen quietschenden Einkaufswagen und ging raus. Ich fragte mich: »Wann haben wir uns an dieses Leben aus Nonstop-Shopping und Nahrungsmitteln gewöhnt, die vollkommen frei sind von jeglichen der Gesundheit förderlichen Inhaltsstoffen?«

Unterdessen erforschte Alice Waters das reiche Tal im Herzen Kaliforniens – das geographische Gegenstück zum grünen Euphrat-Tigris-Becken – und entdeckte einige kleine Farming Communities, die ihre Nahrung selbst anbauten.

Auf der Jagd nach reifen ökologisch angebauten Erdbeeren flüchtete Alice von San Francisco – ein 500-Meilen-Trip. Auf dem Rückflug sah der Redakteur eines New Yorker Food-Magazins, der mit ihr gereist war, mit herunterklappender Kinnlade, wie Alice einen großen Korb voller Erdbeeren in das Flugzeug trug, sich setzte und den Korb in ihrem Schoß festhielt. Der Geruch überwältigte alle an Bord. Hände griffen in den Korb mit der Frage, »bitte nur eine« kosten zu dürfen. Alice gab nach, obwohl sie wusste, dass sie nun wahrscheinlich mit einem leeren Korb zuhause ankommen würde. Sie sah den Food-Redakteur an, der mit leuchtenden Augen sagte: »Ich glaube, wir sind hier auf etwas gestoßen ...«

Als ich das Chez Panisse entdeckte – Alice Waters' Oase des Geschmacks und der Schönheit im hippen Berkeley –, konnte ich kaum glauben, wie wohltuend sich das alles anfühlte. Sie hatte ihr Restaurant in einem im Stile der Arts-and-Crafts-Bewegung erbauten Bungalow der zwanziger Jahre untergebracht. Kupferne Kerzenhalter schufen eine natürliche, atmosphärische Beleuchtung. Im Speiseraum stand ein wundervoller neuer, mit Eichenholz befeuerter Pizza-Ofen – ein damals revolutionärer Anblick. Alice hatte es geschafft, den Ofenbauer eines kleinen Pizza-Restaurants bei Turin zu überreden, ihr einen speziell für ihr Restaurant zu bauen. Jeden Abend, just wenn das Restaurant geöffnet wurde, zündete ein Kellner einen Rosmarinzweig an, damit der Geruch den Raum erfüllte. Und die Butter! So frisch! Ich verstand einfach nicht, warum dieser Ort so außergewöhnlich sein sollte, aber er war es einfach.

Ich verfolgte die Berichte über Alice' Karriere, wie man vielleicht Fotos seines Lieblingsschauspielers aus der Zeitung schneidet. Ich fand es wundervoll zu lesen, wie Alice die Bio-Erdbeeren im Flugzeug mit all den faszinierten Passagieren teilte; oder von dieser wichtigen Konferenz zu hören, die unter dem Vorsitz von niemand Geringerem stand als Julia Child, der Königin der französischen Küche, und auf der Alice sich für die Verwendung ausschließlich regional und ökologisch angebauter Erzeugnisse aussprach. Child war erstaunt und hielt Alice entgegen: »Meine Liebe, ich glaube, Sie unterschätzen die Qualität der Produkte in unseren Supermärkten.« Aber da war es: das Aufeinanderprallen zweier Generationen. Und Alice stellte sich etwas anderes vor. Etwas Besseres. Etwas, dwas für alle verfügbar war. Sie war auf einer Mission. Sie warf ihren Körper wirklich »in das Getriebe der Maschine«.

Alice beschloss, dass sie jeden Tag regional und ökologisch angebautes Obst und Gemüse besorgen würde. Die Karte im Chez Panisse würde sich ständig ändern, je nachdem, was am jeweiligen Tag gerade erhältlich war. Andere fanden, sie würde es übertreiben. Warum es nicht einfach so machen, wie es schon immer getan worden war? Warum nicht einfach große Mengen an Zutaten besorgen und die dann in einem großen Kühlschrank lagern? Stattdessen rief Alice eine Kampagne ins Leben, mit der sie regionale Farmer umwarb, Obstgärtner, Viehzüchter und Fischer, damit sie ihr Restaurant belieferten. Ihre »stille Revolution« zog immer größere Kreise, in den USA und auf der ganzen Welt. Ihr steter Bedarf nach Zutaten erzeugte ein Netzwerk aus erfahrenen Bio-Bauern. Die California Farmers' Market Association war geboren und wächst seitdem immer weiter.

Als ich sah, wie Alice' Restaurant immer mehr an Bedeutung gewann – und internationale kulinarische Preise erhielt –, dachte ich an das zurück, was ich einst als so verstörend und sogar geschmacklos empfunden hatte. Ich war von dem Gedanken entmutigt gewesen, dass die »Mechanismen der Märkte« die Macht über unser täglich Brot übernommen hatten. Alice jedoch hatte einfach ihre Leidenschaft verfolgt. Sie hat durch ihre Liebe fürs Schmecken und ihre leidenschaftliche Suche nach dem Besten, was dieser Sinn bieten konnte, einen Markt für tägliche Qualität geschaffen. Im wahrsten Sinne des Wortes das Brot des Lebens. Sie hat die Kunst des Wohlbefindens gemeistert.

Was für eine gute Idee sie hatte. Heute reden wir oft darüber, dass Tweets oder YouTube-Videos viral gehen.

Aber der wachsende Wert einer großartigen, von einem zum anderen weitergereichten Idee ist das, was die Zivilisation weitergebracht hat. Seit Menschengedenken. Immer weiterwachsend, erreichte Alice' Lebensmittel-Revolution schließlich auch das Weiße Haus.

Jahrelang hatte sich Alice dafür eingesetzt, die Bewohner des Weißen Hauses davon zu überzeugen, einen Gemüsegarten anzulegen. Frühere Präsidentengattinnen schickten Briefe, in denen sie Alice zum Erfolg ihres berühmten Restaurants gratulierten. Die Clintons dinierten dort, wann immer sie in der Stadt waren, und Hillary ging so weit, dass sie Alice eine nette Notiz hinterließ, in der sie mitteilte, dass sie und Bill Kräuterkästen auf ihrem Balkon hatten. Dennoch war Alice nicht überzeugt, dass die politischen Führer des Landes den Ernst der Lage verstanden, was die Themen »Geschmack« und Gesundheit anging. Sie appellierte an die Medien, sagte: »Gute Nahrung sollte ein Recht sein, kein Privileg. Sie sollte ohne Pestizide und Herbizide angebaut werden. Jeder Mensch sollte Zugang dazu haben.«

Als Alice' einziges Kind, Fanny, auf die Berkeley's Martin Luther King Middle School kam, war Alice empört, als sie sah, wie erbärmlich das Schulessen war. Die Schüler kauften ihr Mittagessen an Junk-Food-Automaten. Alice bat die Schulleitung, einen heruntergekommenen Spielplatz benutzen zu dürfen. Sie trieb das nötige Geld auf und ließ einen Bio-Gemüsegarten anlegen, wobei die Schüler während des gesamten Prozesses involviert waren – von der Aussaat bis zur täglichen Pflege und der Ernte. Sie ließ sogar einen Outdoor-Pizza-Ofen bauen, der von essbaren Blumen umgeben war. Als 60 Minutes, das führende TV-Nachrichtenmagazin des Landes, einen Bericht über die Story drehte, war der Reporter überrascht zu sehen, wie engagiert und aktiv sich die Schüler der Pflege der Pflanzen widmeten und dem gesamten Projekt. Sie kneteten Teig und buken Pizza in dem Outdoor-Ofen. Vor der Kamera verfielen all diese eben noch kichernden und schnatternden 12-jährigen Schüler in einer Art stille, träumerische Schwärmerei. Schweigend zogen sie ihre frisch gebackenen Pizzen aus dem Ofen und aßen sie. Sie waren die sichtbare Verkörperung von Wohlbefinden.

Alice hatte das Weiße Haus beinahe aufgegeben, als die Obamas dort einzogen. Sie schrieb ihnen und bat, ein Beispiel für Amerika zu schaffen: für umweltbewusstes Handeln, gesunde Ernährung und den Anbau von eigenem Obst und Gemüse. Doch Michelle Obama war bereits dran am Thema. Ihr erstes Projekt war die Gestaltung eines biologischen Gemüsegartens mit Bienenstöcken auf dem Rasen des Weißen Hauses. Ihre »Let's Move!«-Initiative sollte auf die epidemische Fettleibigkeit von Kindern in Amerika aufmerksam machen. (Während ich das hier schreibe, berichtet die *New York Times*, dass die Zahl fettleibiger Kinder zum ersten Mal seit 30 Jahren in diversen Bundesstaaten um 5 Prozent gesunken ist.)

Ein Artikel im *San Francisco Chronicle* erklärt: »Obamas Let's Move!-Kampagne … thematisiert vieles von dem, was Waters gepredigt hat … Chris Lehane, ein politischer Berater, der für Al Gore und Bill Clinton gearbeitet hat, sieht in Waters ›den George Washington der Bewegung und Nordkalifornien als die Dreizehn Kolonien … Wenn man eine Person wählen will, die für all das verantwortlich ist, führen alle Wege zurück zu ihr.‹«

Alice' Story offenbart eine Überraschung. Wir entdecken etwas, was wir beinahe vergessen hatten und dessen Verlust uns nicht mal bewusst gewesen ist. Im Grund genommen ist ihre Geschichte eine Geschichte über eine Wiederherstellung. Eine Geschichte, die uns zurück zur Quelle unseres Wohlbefindens führt mit Hilfe der Erinnerung an einen unserer Sinne: das Schmecken. Auch Alice hatte eine Vision. Sie glaubte daran, dass es möglich ist, ein lebendiges, nachhaltig wirksames Netzwerk aufzubauen – aus Bio-Bauern, Obstgärtnern, Ranchern und Fischern – sodass wir tatsächlich in der Lage sein würden, qualitativ hochwertige Nahrung zu beziehen. Sie glaubte leidenschaftlich daran, dass durch die Förderung kulinarischer Talente und der Erschaffung eines Marktes für Restaurants, die regional angebaute frische Zutaten verwenden, die einfache Freude an Bedeutung gewinnen würde, köstliches und gesundes Essen zu konsumieren. Alice' Vision führte zu einem überraschenden Geschenk: der Wiederherstellung von Gemeinschaften, einer miteinander verbundenen Welt. Es fand, wenn man so will, eine Art Heilung statt. Dies ist eine klassische Geschichte über eine Transformation innerhalb einer Generation, weitergetragen zur nächsten. Die Welt hatte sich verändert.

Leider erlitt Alice im März 2013 einen Rückschlag, als im Chez Panisse ein furchtbares Feuer ausbrach, das gewaltige Schäden anrichtete. Doch schon am nächsten Morgen veröffentlichte sie diese eloquente und elegante Reaktion:

»Genau heute vor 31 Jahren hatten wir unser erstes Feuer im Restaurant, das damals die Wand zerstörte, die den Speiseraum von der Küche trennte. Wir haben diese Wand nie wieder aufgebaut, und das hat das Chez Panisse komplett verändert, indem es diese wundervolle Verbindung zwischen der Küche und dem Speiseraum schuf. Es ist lebenswichtig, dass die Dinge erneuert und wiederhergestellt werden, und wir haben den Wiederaufbau bereits begonnen.«

Alice ist zu einer meiner Heldinnen geworden. Natürlich, wir haben dieselben Zeiten durchlebt, und ich habe stets ihre Entscheidungen bewundert. Ihre Geschichte ist eine von jenen, die auf wunderbare Weise die Sinne erwecken. Deine ist vielleicht nicht ganz so spektakulär, aber die Akzentuierung einer der Sinneswahrnehmungen erzeugt nicht nur eine emotional wirksamere Story, sondern auch eine, die noch lange später in deinem Hörer, Leser oder Zuschauer nachhallen wird. Wie David Lynch es so treffend ausdrückt und so viele große Geschichtenerzähler es geschickt anwenden: Der schlichte Akt der Isolierung eines Sinnes erzeugt oft auf geradezu wundersame Weise die direkteste emotionale Verbindung zu deinem Publikum.

**»Sei du selbst die Veränderung,
die du dir wünschst für diese Welt.«**

—

Gandhi

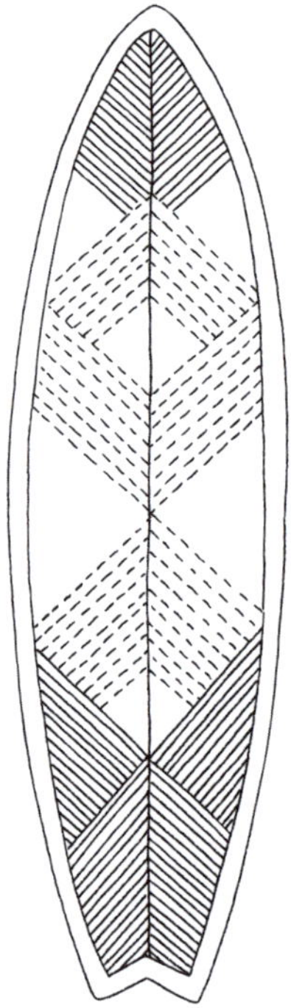

»Ein Leben, das nicht kritisch untersucht wird, ist es nicht wert, gelebt zu werden.«

Sokrates

8
Also, was ist deine Geschichte?

Oft kann allein schon das Erzählen einer Geschichte ein heilender Akt sein. Du gewinnst an Klarheit, indem du einfach nur beschreibst, was geschehen ist. Die Verwirrung löst sich. Darum berichten wir einander von Ereignissen. Darum werden wir gefragt: »Was ist passiert?« Ich fand es immer erstaunlich, dass, egal ob das Ereignis ein gutes oder schlechtes war, wohlgesinnte Reporter zuerst die immer gleiche Frage stellen: »Wie fühlst du dich?« Die Standard-Antwort ist in der Regel stets: »Ich … weiß nicht. Mir fehlen einfach die Worte.« Wir alle suchen nach emotionaler Klarheit, wenn wir eine Geschichte erzählen.

Um klarzumachen, wie universell eine Geschichte sein kann, beginne ich jeden meiner Kurse, indem ich die Teilnehmer drei Übungen machen lasse.

Die erste ist, sich zu vergegenwärtigen, wo man gerade war im Moment eines bedeutenden Ereignisses. Und, noch wichtiger, sich exakt auf das zu konzentrieren, was man gerade getan hat, als einem klar wurde, was passiert, was vor sich geht.

Wenn du diese Übung machst, denke über den »Aufhänger« nach oder den »Auslöser«, der deine Geschichte mit einem Mindestmaß an Kontext aufbaut. Wir brauchen nur genügend Informationen, um klarzumachen, dass diese Geschichte wichtig ist. Benutze das GPS, um dein Publikum zu positionieren: Ort, Zeit und Ära.

Der Anfangsaufbau sollte im direkten Kontrast zum Ende deiner Geschichte stehen – also quasi der Pointe. Wie du dich erinnern wirst, haben wir über Reibung gesprochen, über die Gegenüberstellung zweier gegensätzlicher Gedanken. Wenn du also am Anfang eine Idee einführst, die im Kontrast zum Ende steht, werden diese beiden widersprüchlichen Ideen im Laufe deiner Geschichte miteinander kollidieren und eine völlig neue Idee erzeugen. Die Kollision dieser Ideen verstärkt die Wirkung deiner Geschichte und wird im Publikum noch lange nach ihrem Ende nachhallen.

Nehmen wir den 11. September 2001. In den ersten paar Jahren nach diesem weltverändernden Ereignis habe ich jede neue Vorlesungsreihe, in welchem Land ich mich auch gerade befand, stets damit begonnen, indem ich meine Kursteilnehmer bat zu erzählen, was sie an dem Tag gemacht hatten, als sie begriffen, was vor sich ging. Stell dir vor, du würdest das selbst tun, genau jetzt, indem du dein Erlebnis einem dir nahestehenden Menschen erzählst oder in deinem Tagebuch oder Notizbuch über den Tag schreibst.

Überall auf der Welt habe ich dieselbe Reaktion erlebt: eine Stille, die den Raum erfüllte, als würden sich die Erinnerungen wie dicke Decken über die Kursteilnehmer legen. Und fast immer beginnen ihre Erzählungen mit einem gewöhnlichen Moment – meistens einem Geräusch –, wenn sie von der »Nachricht« geweckt werden. Denn natürlich hatten viele von ihnen geschlafen, als das Telefon klingelte, jemand an die Tür klopfte oder sie den Schreckensschrei eines Mitbewohners hörten. Aber schon als Nächstes erinnern sie sich wie beiläufig daran, was für ein schöner, strahlend blauer Tag es gewesen war, unabhängig davon, wo sie zu der Zeit gelebt hatten. Es ist, als würde die Perfektion dieses Spätsommertages den Schock der folgenden Ereignisse noch verstärken.

Natürlich gibt es viel zu viele Geschichten zu erzählen, die dieses bestimmte Datum betreffen, und du wirst deine eigene haben. Vielleicht willst dich mit alldem auch nicht weiter befassen. Aber ich möchte dir die folgenden beiden Geschichten erzählen, um zu zeigen, wie stark und unmittelbar ein unvergessliches Ereignis sein kann.

Bill war gerade dabei, einen Studentenfilm zu produzieren, in einem Boot im Wasser vor Long Island, von dem aus er einen direkten Blick auf die beiden Türme des World Trade Centers hatte. Die Studenten lachten und schrien vergnügt, als Bill ein Keuchen hörte. Der Kapitän des Bootes blickte genau in dem Moment hoch in Richtung des World Trade Centers, als das Flugzeug in den ersten Turm krachte. Grellrote Flammen schossen aus der anderen Seite des Turms, genau auf Höhe der Etagen, auf denen Bill in jenem Sommer gearbeitet hatte, als Praktikant für Cantor Fitzgerald, eine Finanzfirma, für die auch sein Onkel und sein Cousin arbeiteten. Er kannte alle Leute auf diesen Etagen. Er war durch all diese Flure gegangen. Der Kapitän schaltete den Motor aus. Das Boot stand und schwankte auf und ab, während die Filmcrew in Stille zu den Türmen starrte.

Alles, was sie hören konnten, waren die Schreie der Möwen. Als das nächste Flugzeug in den zweiten Turm raste, schrien alle »NEIN!« – und hielten sich dann wieder die Hände vor die Münder. Stille. Nur die Rufe der Vögel. Das Schwappen der Wellen. Sie sahen, wie die Türme in sich zusammenfielen, einer nach dem anderen. Und nach jedem der beiden Einstürze, Momente, nachdem sie es mit angesehen hatten, rollte das Tosen und Brüllen des Zusammenkrachens in sich übereinanderschiebenden Wellen zu ihnen herüber, bis auch sie ganz und gar von diesem Geräusch umgeben waren.

Derweil erinnerte sich auf der anderen Seite des Planeten eine entzückende großgewachsene Russin namens Lena, wie sie am selben Tag mit Freunden zum Picknicken an einen abgelegenen See gefahren war. Sie hatten nackt gebadet, sich gesonnt, und auf ihrem Picknick-Tisch stand ein altes tragbares Radio, in dem Oldies aus den fünfziger Jahren liefen. Der Tag neigte sich gen Ende, war aber immer noch warm. Sie aalten sich ermattet im Licht des Spätsommerabends, lachend und trinkend, als plötzlich die ernste Stimme eines Radiomoderators die Musik unterbrach mit den Worten: »Die Türme des New Yorker World Centers sind von Passagierflugzeugen getroffen worden und unter einer Terroristenattacke zusammengestürzt.«

Niemand konnte sprechen oder einen der anderen auch nur ansehen. Lena sagte mit stockender Stimme: »Es war, als wäre das das Ende all unserer Sommer.«

Pause. Geh in dich. Welche Gefühle löst das in dir aus? Die Kraft dieser Geschichte liegt darin, sie einfach laufen zu lassen und ihr auf diese Art zu ermöglichen, eine Verbindung mit dem Publikum zu erzeugen.

Die zweite Übung, die ich meinen Kursteilnehmern gebe, führt sie von der universellen Erfahrung zum zutiefst Persönlichen und sogar Verletzlichsten. Natürlich ist erst mal niemand daran interessiert, diesbezüglich an die Öffentlichkeit zu gehen, aber es ist eine Tatsache, dass die größten Geschichtenerzähler stets bereit sind, sich mit all ihren Fehlern und Mängeln vollkommen ungeschminkt zu offenbaren.

Als Beispiel und Ermutigung, eine deiner persönlicheren Geschichten zu teilen, lass mich dir eine von meinen erzählen.

Vor kurzem sinnierte ich über ein Treffen der Hauptanwärterinnen auf einen Oscar für die Beste Hauptdarstellerin und die Beste Nebendarstellerin, das 2013 vor der Verleihung stattgefunden hatte. Das Magazin *The Hollywood Reporter* hatte einige von ihnen für Fotos und eine PR-Aktion eingeladen: Anne Hathaway, Sally Field, Naomi Watts, Scarlett Johansson, Helen Hunt und Marion Cotillard – alles Frauen, die als große und enorm erfolgreiche Schönheiten gelten. Doch was folgte war, dass sie begannen, einige ihrer schlimmsten Erlebnisse preiszugeben: Anne Hathaway beschrieb das Gefühl der Erniedrigung, als man sie nach ihrer Moderation der Oscarverleihung zwei Jahre zuvor (2011) weltweit in Stücke gerissen hatte; Sally Field berichtete von einer demütigenden Probeaufnahme, die sie für Steven Spielberg machen musste, weil man sie für zu alt gehalten hatte für die Rolle der Mary Lincoln (*Lincoln*). Die anderen Schauspielerinnen hörten teilnahmsvoll zu, wie Sally davon erzählte, nach ihrer 40-jährigen Karriere und zwei gewonnenen Oscars immer noch Probespielen zu müssen.

Ich dachte darüber nach, dass ich mir kein Treffen der Kandidaten für den Besten Hauptdarsteller vorstellen kann, das damit endet, dass irgendeiner der Männer von erniedrigenden Erfahrungen erzählt. Vielleicht tauschen sie ein paar selbstironische Geschichten aus und lachen untereinander, aber sie würden niemals eine derartige Verletzlichkeit preisgeben.

Vor langer Zeit habe ich irgendwo mal eine Statistik gelesen, aus der sich die folgende Tatsache ableitete: Es gibt stets immer nur ungefähr zwölf Frauen auf der Welt, die als die schönsten ihrer Zeit gelten, ernannt von mächtigen Mode-Magazinen wie *Vogue*, *Harper's*,

Elle etc. Die Herausgeber und führenden Modehäuser sind abhängig vom Seltenheitswert der »*star power*« dieser derzeitigen Schönheiten, um ihre Magazine und Produkte zu verkaufen. Der Nettogewinn verfrachtet den Rest von uns Normalsterblichen ins Fegefeuer der Unzulänglichkeit und des ewigen Vergleichens. Aber hier auf diesem Oscar-Treffen verspürten diese wunderschönen Superstars das Bedürfnis, ihre Ängste einzugestehen – obwohl sie es nicht mal gemusst hätten! Das ließ mich wieder darüber grübeln, warum Frauen stets voller Selbstzweifel sind, unabhängig von ihrer Schönheit und ihrem Status?

Mehr als eine Dekade lang unterrichtete ich jedes Jahr für zwei Monate an der La Fémis in Paris – Frankreichs bedeutendster Filmhochschule. Jedes Jahr ertrug ich den Anblick all der anmutigen Schönheiten, die an den breiten Boulevards entlangschlenderten. Wie machen die das nur, diese Franzosen? Sogar französische Frauen in ihren Achtzigern oder Neunzigern sind elegant, chic und für immer gertenschlank.

Und so kehrte ich jedes Jahr zum Unterrichten nach Paris zurück, gerade rechtzeitig für den jährlichen Sommerschlussverkauf, was auch einen jährlichen Angriff auf mein Selbstbewusstsein bedeutete. ›Warum habe ich nicht diese verflixten 10-20-30 (!) Kilo abgenommen, bevor ich hierhergekommen bin! Schon wieder?!‹ Ich hatte die Zähne zusammengebissen, das Büßerhemd getragen, war sogar vor dem Gott der Entsagung in die Knie gegangen, alles nur, um meine üppige (oder soll ich eher sagen, voluminöse) Figur zu verändern. Und stets vergebens.

Auf meiner täglichen U-Bahn-Fahrt zur La Fémis in Montmartre nahm ich die Metrolinie 4 in das 18. Arrondissement. Meine Endstation war Marché Barbès, das Französisch-afrikanische Einwanderer-Zentrum von Paris – auch liebevoll Paname genannt (Slang für »exotisches Paris«) –, wo es einen sehr lebendigen Markt gibt.

Während der Fahrt sah ich immer diese phantastischen afrikanischen Frauen mit ihren spektakulären lebhaft gemusterten statuesken Kopfbedeckungen. Ihre Kleider im Muumuu-Stil waren entweder auf ihre Kopfbedeckungen abgestimmt oder kontrastierten diese um mindestens einen Kilometer. Sie hatten sich Babies auf den Rücken gebunden mit buntgemusterten, noch mehr Kontraste erzeugenden Tüchern. All dies fing eine schier endlos weite visuelle Welt miteinander wetteifernder Farben, Formen und Muster ein, die zu rufen schien: »Feiere das Leben!«

Jeden Tag, wenn ich die Metro-Treppe hinaufstieg und in meinen neutralen beigen oder schwarzen Sommerkleidern zur Filmhochschule ging, kam ich an einer Gruppe dieser wildgekleideten Frauen vorbei, die miteinander plaudernd am Eingang des Marktes standen. Ich nickte ihnen zu und ging weiter, ohne jemals mit ihnen ins Gespräch zu kommen – ich kannte ihre Sprache nicht, und wahrscheinlich kannten sie auch nicht die meine. Eines Tages jedoch, als ich gerade aus der Metro kam, traf ich zufällig auf eine meiner Kolleginnen von der La Fémis, eine elegante schwarze Pariserin. Wir kamen an der Gruppe von Frauen vorbei. Sie sprachen schnell und durcheinander und nickten einander zustimmend zu wie Frauen auf der ganzen Welt.

Meine Freundin und ich erklommen den langen Hügel in Richtung der La Fémis, die sich oben auf dem Montmartre befindet. Es war ein heißer Tag, und wir plauderten über nichts Bestimmtes. Aber als wir an ihrem Büro angekommen waren, wandte sie sich zu mir und sagte: »Hast du gemerkt, dass diese Frauen an der Metro über dich geredet haben, als wir an ihnen vorbeigegangen sind?«

»Nein, habe ich nicht«, antwortete ich.

»Sie haben gesagt, dass du die schönste weiße Frau seist, die sie je gesehen haben, weil du«, sie sah mir in die Augen, »den Körper einer Afrikanerin hast.«

Warum nun war diese Geschichte so bedeutsam für mich, dass ich sie hier erzähle? Zuerst einmal hatte ich das Gefühl, als würde sich meinem Verstand eine völlig neue Welt an Werten öffnen. Ich empfand Demut. Ich fühlte mich erkannt und geliebt von unsichtbaren Kräften. Dies war ein erneuernder Moment für mich, ein Moment, der mein Herz geöffnet hat. Und ja, rückblickend wurde das zu einem wichtigen Schritt auf meinem Weg zur Selbstliebe ... zusammen mit dem Mitgefühl für andere.

Von da an beschloss ich, im Reich des Wohlbefindens zu leben, Farben zu wählen, Leuchtkraft, und das Leben mehr zu feiern. Nun mache ich es mir zum Prinzip, zwei- oder dreimal im Monat eine üppige Mahlzeit zu genießen. Ich habe beschlossen, mir selbst Worte der Wertschätzung zuzusprechen. Das war – und ist – ein äußerst schwieriger Vorgang. Keinen Selbsthass auszudrücken oder nicht mehr voller Selbstzweifel zu handeln, bedarf eines vollkommenen Bewusstseinswandels.

Die dritte und wichtigste Übung, die ich meinen Schülern zuteile, um ihnen dabei zu helfen, ihre Storytelling-Skills auf Vordermann zu bringen, ist die härteste. Und es ist die, gegen die sie sich am meisten sträuben, auch wenn sie schon bald darauf zu der Aufgabe wird, für die sie mir *alle* am meisten dankbar zu sein scheinen. Ich bitte sie:

Schreibe über jemanden, der dein Leben verändert hat.

Das ist natürlich jemand von großer Bedeutung – vielleicht ein Trainer, Chef, Lehrer, Freund, Liebhaber und so weiter. Diese Person kann gemein gewesen sein, sogar ein Tyrann, oder jemand voller Güte, Inspiration und Liebe. Vielleicht hat sie auch dein Herz gebrochen. In meiner Film-Fachsprache nenne ich diese Figur »den Antagonisten«, während du in deiner Story der Protagonist bist. Der Antagonist ist ein Individuum, das in dein Leben tritt, und hinterher bist du nie wieder ganz derselbe. Der Schlüssel zu dieser Übung ist, dass du eine »furchtlose Inventur in deinem Inneren« machst (um unsere Freunde von den Anonymen Alkoholikern zu zitieren), davon, wer du gewesen bist, bevor diese Person in dein Leben getreten ist – und wie du danach für immer verändert wurdest.

Jedes Storytelling im Kino dreht sich um diesen einen Moment im Leben des Protagonisten. Offen und verletztlich zu sein ist für diesen Moment unabdinglich. Filme strecken und verstärken diesen Moment zu einer zweistündigen Reise, die uns den Protagonisten zeigt, wie er widerwillig dem Antagonisten entgegentritt und sich dem Wandel widersetzt. Am Ende jedoch hat der Protagonist entweder den Mut und die Kraft gefunden, um zur besten Version seines Selbst zu werden (Drama oder Komödie) oder die ganze Welt verloren (Tragödie).

Jedes Jahr, wenn ich meinen hochqualifizierten Kursteilnehmern diese Übung gebe, nehmen mich etliche, die sich noch in ihren Zwanzigern oder frühen Dreißigern befinden, vertraulich beiseite, um mir zu sagen, dass sie in ihrem Leben noch nie einen Antagonisten hatten. Ich frage sie dann, ob ihre Herzen schon mal gebrochen wurden. Nein, sagen sie. Ich versuche es weiter: »Hattest du jemals einen Trainer oder Lehrer oder meinetwegen auch Pfarrer, der dich verändert hat?« Für gewöhnlich schütteln sie den Kopf. Vielleicht erinnert sich der ein oder andere plötzlich an ein Ereignis, an einen Autounfall zum Beispiel oder an eine Obsession für einen großen Musiker oder etwas Externes, das ihre Sichtweise verändert hat. Aber ich gebe nicht auf. Ich erkläre ihnen, dass es darum geht, über einen starken Charakter zu schreiben, über eine echte Naturgewalt in ihrem Leben. Und ich lächle ein wenig in mich hinein, weil es einfach unmöglich ist, dass diese Elite-Studenten – die es in ihrem Leben schon so weit gebracht haben – noch nie einem Antagonisten begegnet sind. Sie winden sich, flüchten sich in Ausreden. Egal, ich sage ihnen, dass sie einen Weg finden müssen, die Aufgabe zu erfüllen.

Und das tun sie, immer. Sie wollen diesen Bereich ihres Lebens erforschen. Sie wollen die Erkenntnis. Aber sie haben es sich schlicht und einfach noch nie erlaubt, eine »furchtlose Inventur in ihrem Inneren« durchzuführen, verwundbar zu werden und in Betracht zu ziehen, dass sie sich sogar verändern müssen. Wir alle müssen uns verändern. Das ist der Kern jeder Art des Storytellings: Wir entdecken, wer wir sind.

Das Interessante ist, dass meine Schüler – nach all dem Widerstreben oder der scheinbaren Befangenheit – letztlich etwas Neues über sich selbst erkennen, indem sie tief in ihrem Inneren danach suchen. Sie entdecken Geschichten über einzigartigen Elan, enormen Herzschmerz oder unter extremem Druck bewiesenen Mut – und wollen sie dann erzählen. Darunter waren Tragödien, in denen Trainer Weltklasse-Talente missbrauchten, Eltern ihre Kinder betrogen, um die Steuern bezahlen zu können, die Erzähler in eine internationale Entführungs-Affäre in Australien verwickelt waren, Zeuge wurden, wie sich in Peking ein Student den Panzern in den Weg stellte oder sie Opfer entsetzlichen sexuellen Missbrauchs wurden. Aber es gab auch triumphale Geschichten über die endlich gefundene große Liebe. Alle diese Geschichten sind außergewöhnlich. Dass manche Menschen den Wert ihrer eigenen Lebenserfahrung nicht erkennen, verstehe ich einfach nicht.

Eine letzte Sache noch: Sobald die Geschichten im Raum erzählt werden, tritt immer eine Art ehrfürchtige Stille ein, der, kurioserweise, stets ein unbeschreibliches Gefühl der »Leichtigkeit des Seins« folgt. Meine Rolle war lediglich, die Schüler auf diese Reise zu schicken.

Und hier die Anleitungen für diese Übung:

1. Denk nach: Wer war die Naturgewalt in deinem Leben? Wer hat dich provoziert, animiert oder anderweitig dazu gebracht, zur bestmöglichen Version deiner Selbst zu werden, auch wenn du diese Person im Laufe des Prozesses verabscheut hast oder sie dein Herz gebrochen hat?

2. Wie warst du davor? Benenne deine Angst. Isoliere ein Beispiel für diese Angst, einen Moment der Tatenlosigkeit, der dich aus der Bahn geworfen hat.

3. Isoliere ein »schimmerndes Detail« – einen gewöhnlichen Moment, aus dem bei näherer Betrachtung ein außergewöhnlicher wird.

4. Gibt es eine in dieser Story dominierende spezifische Sinneswahrnehmung?

5. Wie steht's um das GPS: Zeit, Ort, Kontext?

6. Was ist passiert? Was hat der Antagonist getan – oder nicht getan –, das in dir eine bewusste Veränderung ausgelöst hat? Beachte, dass ich es eine »bewusste Veränderung« nenne.

7. Was hast du gemacht, um dich zu ändern? Normalerweise handelt es sich dabei um einen gewöhnlichen Moment. Nimm diesen in den Fokus. Vielleicht war es zu der Zeit, als du deinen Sport aufgegeben hattest aus Frustration, Angst oder dem Gefühl des Scheiterns. Aber in diesem Moment gehst du zurück aufs Feld und spielst wieder. Aber diesmal mit erneuerter Entschlossenheit, Freude oder Reife. Der Punkt ist, dass du nun ein anderer, veränderter Mensch bist, und das ist die Story, die wir hören wollen.

8. Beschreibe auf keinen Fall die Veränderung. Mach sie sichtbar mit einem Handlungsmoment, einem kontrastierenden Moment oder einer Wendung im Ereignis.

Nun will ich dir eine Geschichte erzählen von einer Führungspersönlichkeit, die auf globaler Ebene eine nachhaltige Veränderung erzeugt hat. Aber all dies geschah nur auf Kosten seines öffentlichen Scheiterns, einer langen Zeit in der Wildnis und seiner Bereitschaft, so lange im Abseits auszuharren, bis seine Zeit gekommen war. Und als es dann so weit war, war er bereit. Und er hat die Welt verändert. Zum Besseren.

**»Echtes Abenteuer ist am besten
als eine Reise definiert, von der du vielleicht
nicht lebend zurückkommen wirst,
und definitiv nicht als derselbe Mensch.«**

—

Yvon Chouinard

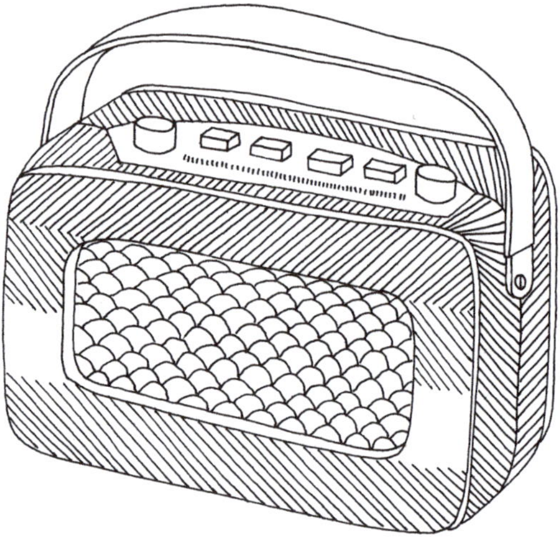

»Das Universum besteht aus Stories, nicht aus Atomen.«

Muriel Rukeyser

9
Warum wir Geschichten brauchen

Geschichten sind im Grunde wie der beim Staffellauf überreichte Stab, nur dass sie von einer Generation zur nächsten weitergegeben werden. Sie geben jedem von uns eine visuelle Vorlage dessen, was wir zu erwarten haben, eine Karte der vor uns liegenden »Wildnis«, vor allem aber sind die besten Geschichten eine Art psychologische Vorbereitung auf die unvermeidlichen Härten des Lebens.

Kurz gesagt, Stories sind Rezepte für Mut. Sie zeigen, wie man das Rennen läuft – und gewinnt. Wir werden nicht mit Mut geboren. Wir mögen Draufgängertum besitzen, sogar Arroganz – vor allem als Jugendliche. Aber Mut ist ein stiller, spiritueller Muskel, den du erst entdeckst, wenn du mit deiner größten Angst konfrontiert wirst. Stories ermutigen, stärken und befähigen uns, zur besten Version unseres Selbst werden zu können. Niemand hat das besser verstanden als Winston Churchill.

In den dreißiger Jahren, auch bekannt als seine »Jahre in der Wildnis«, als er im Parlament nur noch eine Nebenrolle spielte und als ein antiquierter Krieger des viktorianischen Zeitalters galt mit einer (selbst für Briten) überdimensionalen Liebe für Champagner, Brandy und Zigarren, stand Winston Churchill bemerkenswert im Abseits. Nur er allein warnte vor Hitlers wachsender Bedrohung für Europa und Großbritannien. 1938 versuchte der damalige britische Premierminister Neville Chamberlain Hitler zu beschwichtigen und kehrte lächelnd mit dem ausgehandelten Münchner Abkommen wedelnd zurück. Natürlich hatte Hitler nichts davon je ernst gemeint. 1939 ließ er die Nazi-Armee Polen überfallen, und am 3. September 1939 war Großbritannien zum zweiten Mal binnen 25 Jahren gezwungen, Deutschland den Krieg zu erklären. Davon unbeeindruckt setzten die Nazis ihr unbarmherziges Wüten fort, pflügten mit ihren Panzern über Polens klägliche Pferde-Kavallerie, marodierten über die kümmerlichen Felder der Bauern in Belgien und Holland und brachen sogar mit einer bis dahin unvorstellbaren Macht durch Frankreichs Maginot-Linie. Sie überfielen und eroberten mit Leichtigkeit und nach Belieben. Jedes Land fiel binnen Tagen, bis nur noch Großbritannien übrig war – eine nur wenige Seemeilen entfernt liegende Insel, und das letzte kleine Reich, das es noch zu stürzen galt. Doch zuweilen erwachsen aus den schlimmsten Zeiten die besten Anführer. Am 10. März 1940 gab Chamberlain König George VI. seinen Rücktritt bekannt und empfahl Winston Churchill als nächsten Premierminister.

Am 13. Mai bereitete sich dieser darauf vor, zum ersten Mal als Premierminister vor dem House of Commons zu sprechen. Churchill – der später sagen sollte, dass die Briten das einzige Volk seien, das gerne schlechte Nachrichten hörte – sprach ernst, bescheiden und offen: »Ich habe nichts zu bieten als Blut, Mühsal, Tränen und Schweiß … Sie fragen: Was ist unser Ziel? Ich kann es in einem Wort nennen: Sieg – Sieg um jeden Preis, Sieg trotz allen Schreckens, Sieg, wie lang und beschwerlich der Weg dahin auch sein mag.«

Man kann sagen, dass Churchill die Geschichte, in

der er agierte, irgendwie kannte und seinem Volk lediglich mitteilte, wie sie enden würde.

Wenn es jemals einen Menschen gegeben hat, der den Kontext seiner Zeit verstand, dann Churchill. Von diesem Tag an, 19 lange Monate – in denen die USA eisern an ihrer »neutralen« Haltung festhielten –, stand Großbritannien den heftigen Attacken von Hitlers Naziwahnsinn allein gegenüber.

Schon in den ersten Tagen seiner Zeit als Premier musste er die bittere Pille des Westfeldzugs schlucken, als Frankreich im Mai 1940 in die Hände der Nazis fiel. Die britischen, französischen und belgischen Truppen waren zum Rückzug gezwungen, sodass 338.000 Männer an den Stränden von Dünkirchen im Norden Frankreichs, direkt am Ärmelkanal, in der Falle saßen.

Churchill nannte dies ein »kolossales militärisches Desaster« und erklärte, dass »das Mark und der Kern der Britischen Armee« entweder gefangen genommen oder abgeschlachtet werden würde, sobald die Nazis ihre Offensive fortsetzten. Aber aus irgendeinem mysteriösen Grund geriet der Vormarsch von Hitlers Armee ins Stocken. Und so fuhr vom 27. Mai bis zum 4. Juni 1940 eine hastig zusammengestellte Armada aus 850 Seefahrzeugen – vom britischen Zerstörer über Handelsschiffe bis hin zu Fischer-, Rettungs- und Sportbooten – neun Tage lang zwischen Dünkirchen und dem britischen Festland hin und her. Sie brachten diese 338.000 Männer zurück nach Großbritannien in einer erstaunlichen Aktion, die als das »Miracle of Dunkirk« bekannt wurde. Dennoch, die britische Armee war gezwungen gewesen, alle ihre Panzer und Fahrzeuge und die gesamte militärische Ausrüstung zurückzulassen.

An diesem Abend des 4. Juni, nun, da alle Männer wieder sicher auf britischem Boden waren, sprach

Churchill vor dem Unterhaus des Parlaments: »Wir werden nicht wanken noch weichen. Wir werden ausharren … Wir werden unsere Insel verteidigen, was immer es uns auch kosten möge. Wir werden auf den Dünen kämpfen, wir werden auf den Landungsplätzen kämpfen, wir werden auf den Feldern und in den Straßen kämpfen, wir werden auf den Hügeln kämpfen. Wir werden uns niemals ergeben.«

Ganz Großbritannien war bewusst, dass Hitlers Invasion bald beginnen würde. Die Anspannung war greifbar, die schreckliche Erwartung beinahe unerträglich, und sämtliche Maßnahmen zur Wiederbewaffnung liefen auf Hochtouren.

Churchills täglicher Terminkalender wurde zum Stoff für Legenden. Nun, obwohl schon Mitte sechzig und zeitlebens ein starker Trinker, schien er eine schier unbezähmbare Energie zu haben. Er hielt nur hin und wieder kurze Nickerchen, leerte tagsüber stets eine ganze Flasche Champagner und paffte unzählige Zigarren. Abends schwenkte er auf Brandy um und hörte britische Militärmusik auf Langspielplatten. Wenn er »den Rhythmus« seines Denkens in den richtigen Takt gebracht hatte, wurden mehrere Sekretärinnen herbeigerufen – zu allen Tag- und Nachtzeiten –, bereit, jedes seiner Worte aufzuschreiben. Er ging auf und ab, sprach laut, rief nach den abgetippten Versionen der Stenogramme, und editierte und polierte seine Reden in den frühen Morgenstunden.

Und so sprach Churchill am 18. Juni erneut vor dem House of Commons und wiederholte die Rede am Abend im BBC-Radio: »Die Schlacht … um Frankreich … ist vorüber. Ich erwarte, dass nun die Schlacht in Großbritannien beginnen wird. Von ihrem Ausgang hängt das Schicksal der christlichen Zivilisation ab. Von ihr hängt unser eigenes britisches Leben und der Fortbestand unseres … Weltreiches ab. … Hitler weiß sehr wohl, dass er uns auf dieser Insel niederwerfen muss oder den Krieg verlieren wird. Wenn wir seinen Angriff abschlagen können, so kann ganz Europa befreit werden, und das Schicksal der Welt wird sich auf einer hellen, sonnigen Bahn aufwärtsbewegen. Wenn es uns aber misslingt, dann wird die ganze Welt, auch die Vereinigten Staaten, und all das, was wir gekannt und geliebt haben, in den Abgrund eines neuen Mittelalters versinken, den das Licht einer missbrauchten Wissenschaft nur noch dunkler und vielleicht tiefer macht. Rüsten wir uns daher zur Erfüllung unserer Pflicht; handeln wir so, dass, wenn das Britische Weltreich mit seinem Staatenbund noch tausend Jahre besteht, die Menschen immer noch sagen werden: ›Das war ihre größte Stunde!‹«

Hitlers späterer Plan der »Endlösung«, der Bau von Konzentrationslagern und der systematisch organisierte Genozid, der bald darauf beginnen würde. Woher hatte Churchill diesen Weitblick?

Und so begann die Luftschlacht um England. Hitler befahl, die gesamten Kräfte der Luftwaffe über den Kanal fliegen zu lassen, täglich, den ganzen Sommer des Jahres 1940 hindurch. Doch zu Hitlers Entsetzen schlug die Royal Air Force zurück, gut gerüstet mit Spitfires und Hurricanes, die hoch in den blauen Himmel fliegen konnten für die »Dogfights« genannten Zweikämpfe. Junge Männer, »*knights of old*«, wie Churchill sie nannte, fochten in den Himmeln Duelle aus und hielten die gesamte Luftwaffe zurück. Churchill erklärte: »Niemals in der Geschichte menschlicher Kämpfe hatten so viele eine so große Dankesschuld an so wenige.« Wütend über diese anhaltende Pattsituation, befahl Hitler die nächtlichen, von den Engländern »The Blitz« genannten Bombardierungen Londons. In fürchterlichen Formationen ließ die Luftwaffe monatelang Bomben regnen und tötete Tausende

Zivilisten. Das Zentrum Londons wurde von Feuern verschlungen.

Und sobald die BBC Churchills Worte aufnehmen konnte, schien es, als würde sich das gesamte Britische Weltreich an den Radioempfängern versammeln, um seine Reden zu hören.

Von den Dächern Londons herunterblickend sendete Edward R. Murrow, der erste große US-Radio-Journalist, seine Berichte in die Vereinigten Staaten und sagte: »Churchill hat die englische Sprache mobilisiert und in die Schlacht geschickt.«

Eine seltene und sogar humorvolle Tapferkeit leuchtete auf im Volk der Briten. Während das Londoner East End bis auf die Grundmauern niederbrannte, eilten die Briten unter dem Geheul der Sirenen in die U-Bahn-Schächte, die als provisorische Luftschutzkeller dienten. Doch sobald nach den nächtlichen Angriffen das »all clear« verkündet wurde, rief irgendwer die »tea time« aus oder höhnte: »Ist das alles, was du zu bieten hast, Jerry?!«

Wo hatten sie diesen Schneid gefunden?

Im Laufe seines Lebens hatte Churchill mehrere »Wildnis«-Perioden durchmachen müssen. Seine Kindheit im Blenheim Palace, dem Großbesitz seiner Familie, war eine sehr einsame gewesen. Von seinen lasterhaften Eltern vernachlässigt, verschlang er Geschichtsbücher wie Edward Gibbons achtbändige *History of the Decline and Fall of the Roman Empire*, Macaulays zwölf-bändige *History of England* und außerdem hunderte Ausgaben der Jahreschronik *British Annual Register*.

Und so erlangte Churchill seine Tiefe, Stärke und seinen visionären Weitblick – indem er die Geschichten der Alten studierte, Geschichten über Mut zur Wahrheit, Porträts von starken Persönlichkeiten, die sich unter enormem Druck offenbarten, Berichte über Durchhaltevermögen oder Versagen – alles wahre Geschichten, die der Geschichtsschreibung der Menschheit entstammten. Dieses schier unerschöpfliche Reservoir menschlichen Strebens war es, was Churchill seiner gequälten Nation in den dunklen und deprimierenden Tagen der Jahre 1940 und 41 weitergab. Er hatte sich in einem Maße jahrelang mit Geschichte und Geschichten angefüllt, mit dem Wissen, das es braucht, um zu überleben, zu erblühen und zu gewinnen, dass er, wie der Oxforder Philosoph Isaiah Berlin schrieb, in der Lage war, »seinen Landsleuten seinen Willen und seine Vorstellungskraft mit einer derartigen Eindringlichkeit zu vermitteln, dass sie letztlich seine Ideale übernahmen und begannen, sich so zu sehen, wie er sie sah.«

Doch im Spätherbst 1941, nach 18 Monaten dieser unaufhörlichen Aggression, schien immer noch kein Ende in Sicht. Im Privaten gestand Churchill, dass er unter einer furchtbaren Depression litt. Am 29. Oktober 1941 ging er in die Harrow School, um zur Inspiration einige traditionelle Lieder zu hören. Dort wurde er gefragt, ob er den Studenten eine Rede halten würde.

Er erhob sich und sprach Folgendes:

»Gewiss, was wir in der letzten Zeit durchgemacht haben – und ich richte mich an die Schule – gewiss ist die Lehre aus den letzten zehn Monaten: Gib niemals auf, gib niemals auf, niemals, niemals, niemals, niemals – vor gar nichts, sei es groß oder klein, gewaltig oder belanglos – gib niemals auf, es sei denn aus vernünftiger oder ehrenhafter Überzeugung. Weiche keiner Kraft, niemals; und weiche niemals der scheinbar übermächtigen Macht des Feindes.«

Sechs Wochen später, am 7. Dezember 1941, bombardierten die Japaner Pearl Harbour, und die Vereinigten Staaten von Amerika traten in den Krieg ein. Der

Rest ist, wie man so sagt, Geschichte. Dreieinhalb Jahre später beging der besiegte Hitler Selbstmord, und am 8. Mai 1945 unterzeichnete Deutschland die »bedingungslose Kapitulation«.

Auf der ganzen Welt – im britischen Weltreich, in den USA, in Europa – versammelten sich die Menschen um ihre Radios, um zu hören, wie Churchill verkündete: »Der Krieg in Europa ist nun zu Ende.«

Churchill gab Großbritannien und der Welt eine Vorstellung davon, wohin dich unnachgiebiger Scharfsinn, Mut und Entschlossenheit führen können.

Geschichten, gut erzählt und von der einen Generation befolgt, entflammen die nächste Generation zur Größe: denn sie haben mit ihren eigenen Ohren gehört, und mit ihren eigenen Augen gesehen, was Mut bewirken kann – und zwar, dass jeder Mensch, ermutigt, gestärkt und befähigt, zur besten Version seines Selbst werden zu können, dieses Wissen an seinen Nächsten weitergibt – wie bei einem gigantischen olympischen Staffellauf. So wurde der Krieg gewonnen. Und nun sollten all die neuen, folgenden Generationen Churchill für seine Leidenschaft für Stories dankbar sein. Wie mir mein Vater, ein Churchill-Forscher und Historiker, vom Tag meiner Geburt an immer wieder gesagt hat: »Churchill war der unersetzlichste Mann des zwanzigsten Jahrhunderts.«

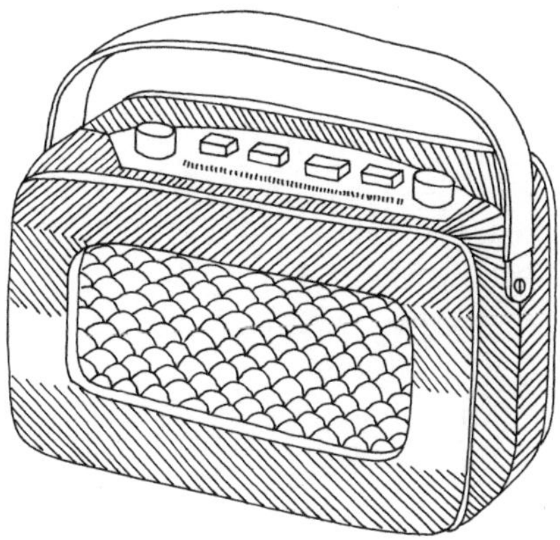

»Auf die Verrückten!«

Steve Jobs

Schluss

Warum habe ich mich entschieden, ausgerechnet diese Geschichten zu erzählen? Über Aktivisten, Visionäre, Anführer, Unternehmer?

Alle großen Geschichten haben gemein, dass sie von einer Reise erzählen, deren Ausgang ungewiss erscheint. Sie sind voller Hoffnung. Und sie handeln von Mut. Die tragischen handeln von jemandem, der nicht den Mut hatte zu tun, was er hätte tun müssen, oder der den Notausgang des Feiglings gewählt hat.

Geschichten verbinden uns mit unserer Humanität und helfen uns, bessere Menschen zu werden. Wie gut du deine Geschichte erzählst, kann den Unterschied ausmachen für alles, was du tust – egal ob es nun darum geht, jemanden dazu zu bewegen, dich zu lieben, etwas zu kaufen, was du gemacht hast, oder etwas von sich selbst zu geben – darum, wie gut du deinen Weg in dieser Welt gehst, oder nur zu zeigen, wer du bist.

Ich habe erkannt, dass ich beim Schreiben dieses Buches einfach nur genossen habe, die Geschichten meiner Helden zu erzählen – den weltberühmten und jenen, die nur relativ wenigen Menschen bekannt sind. Aber es ist gut möglich, dass die für mich größten Geschichten jene persönlichen Geschichten sind, die mir meine Schüler erzählt haben; jede von ihnen einzigartig, bewegend und unvergesslich. Das hat zum einen damit zu tun, dass ich das große Vergnügen hatte, sie dabei zu beobachten, wie sie lernten, diese Geschichten zu erzählen, und sie gut zu erzählen. Das Storytelling ist uns allen angeboren. Wir müssen es einfach nur machen. Wir müssen uns trauen, persönlich zu werden und uns verletzlich zu machen. Und wir müssen anderen dabei zuhören, wenn sie ihre eigenen Geschichten erzählen.

Aber warum solltest du das tun? Riskieren, deine Verletzlichkeit preiszugeben? Weil in diesem unseren Zeitalter der Erschaffung von Inhalten die ganze Zeit irgendwer eine Geschichte erzählt. Wir sind von ihnen umgeben, schwimmen in ihnen und treffen von ihnen inspiriert zuweilen sogar Lebensentscheidungen. Aus all diesen Gründen ist es notwendig, dass wir uns unsere eigenen Geschichten zunutze machen und sie gut erzählen. Wenn wir das nicht machen, werden andere kommen und unsere Welt mit ihren Geschichten tapezieren. Und wie sollen wir dann an die nächste Generation weitergeben, was verloren, wenn nicht sogar vergessen wurde?

Erinnere dich an Churchill: vergiss nicht, niemals.

Letztlich ist das alles, was du hast: deine Story.

Erzähl uns deine Story.

Tu es.

Übungen

Auf den folgenden Seiten findest du Übungen, mit denen du deine Fähigkeiten festigen kannst. Einigen bist du an anderer Stelle in diesem Buch bereits begegnet, und hier sind sie alle gesammelt, damit du dich durch sie hindurcharbeiten kannst. Schreibe zuerst deine Story auf – in ein Tagebuch, auf Zetteln, in deinen Computer, ganz egal –, und dann versuche, sie vorzutragen, sie jemandem zu erzählen. Solltest du keinen wohlwollenden Freund oder Familienangehörigen finden, der bereit ist, dir zuzuhören, sprich einfach zum Spiegel. Erlaube dir die Dinge, die in diesem Buch behandelt wurden, auszuprobieren, und vielleicht möchtest du auch einige von ihnen in dein Leben übernehmen, da sie dir in Gesprächssituationen nützlich sein können. Bevor du anfängst, hier ein paar hilfreiche Grundsätzlichkeiten:

- Um es mit den Worten von Lionel Logue aus *The King's Speech* zu sagen: »Sprechen Sie einfach zu mir. Als Freund.«
- Halte es kurz und präzise. Versuche nicht mehr als fünf bis sieben Minuten für jede der Übungen aufzuwenden.
- Spiele niemals das Opfer. Beschreibe eine Handlung, die du unternommen hast, oder zeige uns, wie du dich später durch Erkenntnis verändert hast.

- Sei spezifisch. Wähle bildliche Beispiele.
- Erinnere dich an die fünf Sinne und versuche jenen der Sinne zu erwecken, der in der jeweiligen Story dominiert.
- Sei sicher, dass deine Story einen Anfang hat, einen Mittelteil und ein Ende.
- Lass dein Publikum hungrig zurück.
- Vor allem: Beobachte die Reaktionen deines Publikums und reagiere darauf.

Übung 1

Erzähle uns etwas über dich, von dem wir sonst nie erfahren würden.

Vergiss nicht: Bescheidenheit und Humor können einen sehr weit bringen. Ja, du stehst im Zentrum der Aufmerksamkeit, aber daran darfst du nicht denken, das musst du vergessen. Vergiss dein Ego. Du vollführst hier eine große Geste, indem du dich deinem Publikum öffnest und sichtbar machst auf eine Art, die erklärt, wer du bist – und dabei Insiderwissen über eine Welt teilst, die es sonst nie kennenlernen würde.

Übung 2

Versuche dich an deine liebste Kindheitsgeschichte über dich zu erinnern.

Etwas, was deine Familie stets über dich erzählt hat oder du über dich.

Übung 3

Erzähle uns von einem Antagonisten oder einer »Naturgewalts«-Person aus deinem Leben.

Das kann ein Lehrer sein, ein Mentor, Trainer, Geistlicher, Chef, Familienfreund, oder irgendein anderer Mensch, der dein Leben geprägt hat – im Guten oder Schlechten (siehe auch Seite 97).

Übung 4

Erzähle uns vom ersten Mal, als dein Herz gebrochen wurde.

Wann auch immer das war – als du fünf warst, 15, 25, oder letzte Woche. Versuche es humorvoll zu gestalten. Was für eine absurde oder verrückte Sache hast du gemacht? Das Wichtigste ist, die jeweilige Person in wenigen Worten zu beschreiben. Erzähle uns etwas Tolles über diesen Menschen, wie unbedeutend es auch erscheinen mag. (Vergiss nicht: Je gewöhnlicher das Detail, desto größer wird es.) Dann erzähle von der Trennung oder dem Moment, an dem dein Herz gebrochen wurde. Auch hier gilt: Beschreibe den gewöhnlichen Moment, erinnere dich an die Sinneswahrnehmung, die diesen Moment für dich intensiviert hat. Es gibt immer eine. Dann beschreibe die Maßnahmen, die du unternommen hast, um zu heilen, dich wiederherzustellen und weiterzumachen. Dehne diesen Moment aus – lass uns daran teilhaben. Vermeide Satzanfänge wie »und dann begriff ich …« oder »danach …«. Nimm uns mit an den Ort, wo der Schmerz sitzt, die Verletzlichkeit. Wir waren alle schon mal dort, und wir wollen wieder dorthin zurück – mit dir. Aber wir wollen mit etwas zurückkommen, nämlich dem Wissen, wie dich all das verändert oder du dich davon befreit hast.

Übung 5

Wie hat ein bedeutendes kulturelles oder sportliches Ereignis auf dich gewirkt?

Irgendwas – die Olympiade, eine Königliche Hochzeit, Live Aid oder wie dein Lieblingsteam die Meisterschaft gewonnen hat. Wir wollen es wissen.

Übung 6

Erzähle uns vom Ende einer Ära, einem Scheitelpunkt, dem »Zenit einer Zeit«.

Das kann ein Hochschulabschluss sein oder eine Hochzeit (deine oder eine wichtige andere), der Tag, als du von zuhause ausgezogen bist oder an dem du ein Vater oder eine Mutter geworden bist.

Übung 7

Berichte von einem bedeutsamen Ereignis, das viele von uns auch erlebt haben.

Wo warst du und was hast du gemacht, als Prinzessin Diana gestorben ist, Kurt Cobain Selbstmord begangen hat oder während der Attacke auf die Twin Towers – zum Beispiel?

Übung 8

Erinnerst du dich an ein kleines Ereignis, das dich bewegt oder verändert hat?

Das kann alles sein: der YouTube-Clip des tauben Mädchens, das zum ersten Mal hört; das Foto des New Yorker Polizisten, der wegen der klirrenden Kälte Socken und Schuhe kauft für einen barfüßigen Obdachlosen; oder etwas sehr viel Persönlicheres, zum Beispiel die Begegnung mit einem älteren Angehörigen, der gegen Alzheimer kämpft, indem er genau zuhört und dann alles, was du gesagt hast, aufschreibt.

Übung 9

Verkaufe uns eine deiner Ideen oder etwas, was dir sehr am Herzen liegt.

Der Schlüssel ist, weder mit dem Zeigefinger zu wedeln, noch zu schimpfen, zu predigen oder einen selbstgerechten, schneidenden Ton zu wählen. Stattdessen:

— Präsentiere deine Idee als attraktive Möglichkeit.
— Gib uns ein schimmerndes Detail, ein Bild.
— »Reiche den Funken weiter« – illustriere ein kleines Szenario, das deine Leidenschaft erklärt.
— Vor allem: Wie hat es dich verändert? Warum ist dir das so wichtig?

Übung 10

Was ist eine Leidenschaft von dir, und warum?
Sei spezifisch. Zum Beispiel: Warum magst du Filme, Surfen, Klettern, Live-Übertragungen von Fußball-, Tennis- oder Golf-Turnieren, Brotbacken oder Gärtnern? Stell dir folgende Fragen:

— Was ist es, was du daran liebst?
— Was sagt das über dich aus?
— Wann hast du dich zum ersten Mal in diese Leidenschaft »verliebt«?
— Was daran hat dich begeistert und deinen Lebensweg für immer geändert?
— Wie hat diese Leidenschaft dein Leben geprägt?
— Wohin hat sie dich gebracht? Sei spezifisch: Gib uns ein kleines Beispiel, einen Handlungsmoment.
— An welche Sinneswahrnehmung erinnerst du dich, die mit diesem Moment in Verbindung steht?
— Wie war dein Leben, bevor dich diese Leidenschaft überkam, und wie ist dein Leben heute?
— Wie würdest du diese Leidenschaft jemandem beschreiben, der sie noch nie erlebt hat oder nichts darüber weiß?

Und vergiss nicht: Sei freundlich. Erzähle deine Stories mit einem Lächeln.

Teile deine Leidenschaft.

Trage das Feuer.

**»Sei amüsant,
erzähle keine unerfreulichen Geschichten,
und vor allem: erzähle keine langen.«**

—

Benjamin Disraeli

Über die Autorin

Bobette Buster ist eine Drehbuchautorin, Dokumentarfilm-Produzentin, Dozentin und Story-Beraterin. Sie ist in Kentucky aufgewachsen, einer Region, die berühmt ist für ihre großen Geschichtenerzähler. Als Studentin zeichnete sie eine nun im Kentucky Museum archivierte Oral History der Gegend auf. Dann zog sie nach Hollywood, um die Kunst der Drehbuch-Entwicklung zu erlernen, und schreibt, produziert und lehrt nun in den führenden Studios und für diverse Top-Film-Programme. Sie gibt zudem Storytelling-Workshops auf der ganzen Welt. Seit 1992 ist sie Lehrbeauftrage an der Graduate School of Cinematic Arts der University of Southern California, wo sie den ersten MFA-Lehrplan für Original Feature Film Development ins Leben gerufen hat. Sie lebt derzeit in L.A.

Der Übersetzer

Tino Hanekamp, geboren 1979, war Musikjournalist und Clubbetreiber. 2011 erschien sein Debütroman *So was von da*, der mehrfach ausgezeichnet und 2018 verfilmt wurde. Derzeit lebt er als Übersetzer und Autor im Süden Mexikos.

Dank

Natürlich danke ich Gott, dass er mich durch das »Tal der Schatten des Todes« geführt hat, während der langen Zeit, in der meine Brüder von mir gingen – Lowell und Charles –, die zauberhaften, und ich nichts anderes tun konnte, als Storytelling zu unterrichten. Nur durch die unsterblichen, durch die Jahrhunderte weitergereichten Wahrheiten des Storytellings war ich überhaupt in der Lage durchzuhalten. Während dieser Zeit kam ich immer wieder auf die Worte eines Zen-Buddhisten zurück, der sagte: »Um etwas zu beherrschen, musst du zuerst lernen, es zu lehren.« Also muss ich Larry Turman danken, dem Direktor des USC Peter Stark Producing Program, für seinen »Blink« (im Malcolm-Gladwell-Sinn), indem er in mir die Lehrerin sah, die ich geworden bin, aber nie gewagt hätte zu sein.

Ich danke denen, die mir erlaubt haben, ihre Geschichten in diesem Buch zu erzählen, vor allem Scott Harrison, Shan Williams und DJ Forza. Und meinen Schülern auf der ganzen Welt dafür, dass sie mich die unerschöpfliche Kraft des Storytellings gelehrt haben. Durch ihre endlosen Fragen habe ich stets mehr von ihnen gelernt als sie von mir, und dazu kamen noch all diese neuen Geschichten, erzählt aus jeder der menschlichen Existenz innewohnenden möglichen Perspektive.

Ich habe so vielen Freunden und geliebten Menschen dafür zu danken, dass sie sich so tapfer meine Geschichten angehört haben, ad infinitum (oder vielleicht ad nauseam), inklusive meinen geliebten Eric und Melissa Ocean, Margie Whitaker, Mark und Rachelle Hutchens, Greg und Rick Stikeleather, den geliebten Freundinnen Gwen Terpstra, M'Leigh Koziol, Beverly Allen, Matia Karrell, Rebecca Ver Stratten-McSparren, Roberta Ahmanson, Barbara Nicolosi, Polly March, Karen Johnson und Andrea McCall. Nebst meinen »Nichten und Neffen«, die mir, der »verrückten Tante«, durch all unsere Eskapaden so viele erzählenswerte Geschichten gegeben haben: Alex, Jack, Annie, Laina, Richard Ryan Madison, Morgan, Gianna und Philip. Ich danke Brian und Christabel Eastman für ihre mannigfaltigen Gesten der Gastfreundschaft; neben all den Story-Gefährten, denen ich begegnet bin auf meinen Storytelling-Reisen, unter anderen Steve Turner und Beryl Richards in London; Armando Fumagalli, Marco Alessi, Carla Quarto Di Palo, Gina Gardini und Francesca Longardi in Italien; Henriette Buegger in Köln; Christine Camdessus, Isabel Calle und Ana Laguna in Ronda; Alain Rocca und Jacqueline Borne in Paris; Mary Lyons, Sorcha Loughnane, Judy Lunny und Tricia Perrot in Dublin. Und, wenn ich's könnte, würde ich auch noch all die »lieben anderen« nennen, mit denen unsere Stories mehr »Erinnerungen erzeugt haben als der Regen …«.

Und schließlich muss ich Miranda West danken, die mit ihrer unermüdlichen Entschlossenheit und ihrem charmanten, sarkastischen Witz dieses Buch überhaupt erst möglich gemacht hat und mir, mit den Worten von Muhammad Ali, das nötige »Last-Minute-Durchhaltevermögen« gegeben hat.

Register

DO Book Co

»Wer immer tut, was er schon kann, bleibt immer das, was er schon ist.«

Henry Ford

Alice Holden
Anpflanzen
Fang an mit zehn einfachen Gemüsesorten

Aus dem Englischen von Heide Lutosch

Broschiert, 173 Seiten
ISBN 978-3-455-00314-7
Tempo Verlag

Orren Fox
Imkern
Das Geheimnis glücklicher Honigbienen

Aus dem Englischen von Ursula Held und Heide Lutosch

Broschiert, 142 Seiten
ISBN 978-3-455-00315-4
Tempo Verlag

Anja Dunk, Jen Goss, Mimi Beaven
Einmachen
Marmelade, Chutney, Sirup und eingelegtes Gemüse

Aus dem Englischen von Ursula Held

Broschiert, 174 Seiten
ISBN 978-3-455-00347-5
Tempo Verlag